JN001417

きょうだいの
進路・結婚・親亡きあと

50の疑問・不安に弁護士できょうだいの私が答えます

弁護士／障害のある弟と育ったきょうだい
藤木和子 著

中央法規

この本を手に取ってくださった方へ

　私は、障害のある弟と育った「きょうだい」（障害のある人の兄弟姉妹）の立場の弁護士です。本書は、きょうだいの幅広い悩みや疑問を50個挙げて、「法律ではこう考える」という視点で回答しています。第3章の関心のある項目から読んでみてください。

　私は、子どもの頃から、障害のある弟や親の苦労や喜びをそばで感じながらも、誰にも言えない悩みや不安がありました。それは、本書でも取り上げている「私と弟の将来はどうなるの？」「将来は弟をよろしくね、と言われるけど……」「実家の家業（弁護士）は、私が地元に残って継がなければいけないの？」「結婚はできるの？」「弟のことはどう説明したらいいの？」などです。

　このように、弟のことを含めた自分の将来、進路、結婚などに悩んでいた私は、2010年頃から「きょうだい会」に参加するようになり、先輩の体験談やきょうだい同士の語り合いから多くのヒントや励ましを得ました。人生の大きな転機でした。現在は、複数のきょうだい会やサイトの運営に関わっています。

　きょうだいの世間的なイメージは、障害のある人と一緒に育ったから「障害に理解がある」「やさしい」などがありがちですが、私が出会ってきたきょうだいに一番感じているのは「人間としての深さ」です。一人ひとり環境も考え方も違い、本当にさまざまですが、誰もが、自分の経験

をもとに、自分の人生や家族のこと、障害や社会について深い考えをもっていました。家族が好きだから自分にできることをしたいという人も、複雑な葛藤を抱えている人、家族から距離を取ることで自分を守りバランスを取ろうとする人もいます。突き詰めて考えようとする人も、あまり悩みすぎずにあっけらかんとユーモアで受け流そうとする人もいます。内容は重いですが、私はきょうだいで語り合える時間はいつも楽しく、好きです。

　紆余曲折を経て、2012年に弁護士になってからは、きょうだいの課題を法律や人権の視点から考えるようになりました。担当した事案を通して、（障害の有無を問わず）さまざまな兄弟姉妹関係を知ることで、また弁護士の仲間や憲法の研究者らと議論していくなかできょうだいについても考え方が整理されていきました。

　法律はシンプルです。たとえば、きょうだいに多い悩みである「障害のある兄弟姉妹の世話をするかしないか？」「実家や地元に残るか出るか？」「どの進路や職業を選ぶか？」「結婚や出産をするかしないか？」「親が高齢や病気になったり、亡くなって障害のある兄弟姉妹の世話をできなくなったら？」について、一定の答えを出すことができます。

　これに対し、人間の心情や家族の関係性（親子・兄弟姉妹）は複雑です。自分の気持ちが整理できない場合や家族

の言葉、世間の目があなたの心を縛る場合もあります。このような気持ちの問題は、法律だけでは解決できません。それは、私自身、一人のきょうだいとしても、弁護士としても強く感じています。それでも、考えるときのスタートラインとして、何か迷ったときの判断の参考や決断の背中を押すことが、法律にはできると思います。本書では、きょうだいの体験談やヒント、障害のある兄弟姉妹などに対してどんな制度や支援があるのかを紹介していきます。そこから次の行動や選択が見えてくるかもしれません。

　せっかくの一度きりの人生です。何よりも大事なのは、何を選択したかではなくて、「『自分でいい選択ができた』と思えるかどうか」だと考えます。途中で修正や変更も選択できます。悩むことや迷うことは、それだけ真剣に考えていることの表れで、貴重な経験です。無駄になることはないはずです。前に進むだけではなく、堂々と胸を張って後戻りしたり、方向転換していいと思います。本書がその一助になりましたら幸いです。

　私も自分自身にこれらの言葉を言い聞かせながら、いい意味で開き直りたいと思います。一人のきょうだいとして、弁護士として、現在進行形で、日々、堂々と思いきり悩み、迷いながら、自分の行きたい場所を目指して、できることから一つずつ進んでいきたいと思います。

親、障害のある兄弟姉妹などの家族
支援者、周囲の方へ

　本書は、きょうだいの立場から書いたものですが、取り上げている事例には、親、障害のある兄弟姉妹、支援者、周囲の方々も大きく関わります。きょうだいの課題は複雑でとても難しいですが、本書が少しでも、きょうだいの思いや考え方や悩みの理解、接し方、サポート、話し合い、トラブル対応などの参考になりましたら幸いです。

　私は、親、支援者、障害のある当事者の方々に向けて講演などをする機会を多くいただいてきました。参加された方々からの「きょうだいに幸せになってほしい」「きょうだいの思いや考えを知りたい」「一緒に考えたい、学びたい」「もっと発信してほしい」という応援の言葉がとてもうれしく励みになっています。

　きょうだいはもちろん、障害のある兄弟姉妹にも、親にも、支援者や周囲の方々にも幸せになってほしいです。本書で書いている個人の尊重（自由）、幸福追求権、自己決定権は、きょうだいだけでなく、親、障害のある兄弟姉妹、支援者、周囲の方々全員に当てはまります。誰もが悩まなくてすむ、安心して生活でき、笑顔で楽しいことがたくさんある、生きていてよかったと思える世の中にしていくために、協力していきたいと思います。

2024年3月

藤木和子

■本書の「きょうだい」「兄弟姉妹」の表記について

　平仮名の「きょうだい」は、漢字の「兄弟姉妹」と違って、「生まれた順番の上下や性別を問わない」という意味で、今の時代に合った新しい言葉です。そういった意味からは、すべて平仮名のきょうだい表記にしたいのですが、本書では読みやすさを重視して下記のように表記します。

きょうだい：障害のある人の兄弟姉妹（本書のテーマ）
兄弟姉妹：それ以外の場合

　また、質問やイラストでは、状況をイメージしやすくするために兄・弟・姉・妹の誰なのかを設定していますが、ご自身の状況に合わせて読み替えていただければと思います。

※「きょうだい」自身にも障害や病気などがある場合があります。
※「きょうだい」の配偶者やパートナー（義理のきょうだい）、障害のある人の
　おい、めい、いとこなどにも同様の課題があります。
※「きょうだい」は「きょうだい児（者）」といわれる場合もあります。

もくじ

第1章
きょうだい
としての
自己紹介

5歳から「きょうだい」に

　私は5歳のときに、弟の「障害（耳が聞こえない）」がわかり、「きょうだい」になりました。

　そのときから、「障害のある弟の分も、お姉ちゃんが頑張ってね」「将来は、お父さんの跡を継いで弁護士になって、弟のこともよろしくね」と、言われるようになりました。弟といると、周りの人たちからジロジロ見られたり、ヒソヒソ話をされたり……。

　障害のある弟も、親も、誰も悪くない。だからこそ、弟や親のほうが大変なのだから、私は嫌と言ってはいけないし、誰にも相談できない。でも「私の悩みを理解して、一緒に考えてくれる人がほしい」と思っていました。

悩みが押し寄せた 20 代後半

　ようやく自分の悩みを相談できたのは、20代後半でした。2010年頃です。

　「父の仕事を継ぐ？」「地元に残る？　家を出る？」「結婚は？　相手やその家族の反応は？」など、子どもの頃から漠然と抱えていた悩みが、現実の悩みとしてドッと押し寄せ、ヒントを求めて「きょうだい会」（きょうだい同士で集まり、悩みや経験、近況を話したりする会）に駆け込みました。

　きょうだい会では、障害の種類や内容、経験や考え方が似ていても、違っていても、不思議なくらい話が通じて、多くのヒントがありました。きょうだいの友人や先輩、Twitter（現X）でのつながりができて、出来事や近況を共有することが大きな支えになりました（年表参照）。

私の年表

0 歳

埼玉県上尾市の藤木家の長女として生まれる。第1子

2 歳

弟が生まれて「お姉ちゃん」になる。学年は3歳差

5 歳

弟の「障害」がわかる

- きょうだい人生がスタート
- 母と弟は病院や療育に
- 弁護士の父の跡を継ぐことを強く期待されるようになる

19 歳

東京大学法学部に入学

- 父の「弁護士になってほしい」という強い期待と、特に勉強したいことがなかったので、役に立ちそうな「法学部」を選択。実家から離れた大学を考えていたが、偶然、東大生に出会い、目指すことに
- 東大に合格したら、周囲から見直された。なんとなく、弟の障害の分も成果を出した気分になった
- 母から手話サークルに入ってほしいと言われるが、当時は「障害」や「ボランティア」関係はあまり興味なし
- 悩んだ末、彼氏に弟のことを泣きながら話す。反応は「そうなんだ。で、どうしたいの?」とあっさり

27 歳

社会人スタート

- 少し回り道をして、27歳で司法試験に合格。弁護士に
- 就職で東京都内の大手事務所か、埼玉の父の事務所かで悩む。結婚でも悩む。きょうだい会に駆け込む
- 障害者問題に取り組む弁護士たちに会い、雰囲気が合うのを直感。ちょうど手話関係の裁判が始まり、弁護団に参加
- 結局、きょうだいの活動や手話関係の仕事をしながら、父の事務所で働くことを選択

9歳

弟の学校の都合で
小学校を転校

- 私は残る選択もあったが、転校を選ぶ。家族で引越
- 反抗期が始まる。弟とは、一緒にゲームやマンガで遊んだり、ケンカもしながら仲が良かったが、親や周囲の大人に反発。母に「私は産んでって頼んでない」と言ってしまったことも

12歳

東京都内の
私立中学に進学

- 誰も弟のことを知らない。一人の「私」でいられる場所
- 自由な校風。テニスに夢中。成績が落ち、遅刻も増える

15歳

アメリカに留学

- きっかけは友人の留学。「家を出られる方法があるんだ！」
- 家族と適切な距離が取れて関係が良くなり、精神的に安定
- 母とメールでやりとりが始まる

32歳

結婚

- 失恋から障害に理解のある人を希望
- 同業の夫と結婚。夫も家族の介護を経験

35歳

独立以降

- 結婚を機に神奈川へ。父の事務所を休職して手話通訳の専門学校に2年間通う。きょうだいの活動を本格的に始める準備をスタート
- 専門学校卒業後、父の事務所から独立。父には相談せず、自分だけで決意
- 弁護士の仕事、きょうだいやヤングケアラーの活動や講演、手話通訳士の仕事の3本柱
- 親の高齢化を感じるように。悔いが残らないようにしたい

きょうだいの活動を始めたきっかけ

　最初、きょうだい会に参加していることは、弟や親には秘密でした。しかし、Xで「♯きょうだい児」のたくさんの匿名のつぶやきを読んでいくうちに、「こんなに重大な問題なのに、どうして、きょうだいの悩みや気持ちは秘密にしたり、匿名で話さないといけないんだろう？」とふと考えました。

　毎日のように、「きょうだいって言葉を初めて知った」「もっと早く知りたかった」「もっと知られてほしい」というつぶやきがあります。私自身、「きょうだい」という言葉を知って、すごく腑に落ちた部分があったので、強く共感しました。

　そこで、「せっかく弁護士になったのだから、自分が顔と名前を出して発信すれば、少しは注目してもらえるのではないか？」と活動を始めました。それが、自分自身の仕事や結婚の悩みが少し落ち着いた 2015 年頃です。

「ヤングケアラー」が注目される

　その後、2020 年頃から流れが大きく変わりました。

　「ヤングケアラー」が注目され、国や自治体、学校、テレビや新聞のメディアなどから、きょうだいとしての経験を話してほしいと頼まれる機会が増えました。「ケア」には、障害のある兄弟姉妹に対するケアだけでなく、親へのサポート、精神的なケアや期待に応えようとするプレッシャーの負担なども含まれます。

　きょうだいの悩みは、ヤングケアラー（18 歳未満）で終わらず、それ以降も進学・就職や恋愛・結婚などへの影響があること、親亡きあとまで長くケアラーの立場が続く場合もあるということをお話しするようにしています。

　最近は、自治体に「ヤングケアラー相談窓口」「ケアラー相談窓口」が設置されることが増えました。ケアラー支援条例がある自治体もあります。支援はまだ始まったばかりですが、きょうだいの悩みや支援の必要性が理解されてきているのを実感しています。

　まずは知ってもらうことからです。私がきょうだいとして自分やほかの

きょうだいの体験を話したり、声を上げることで、「こういうことを話していいんだ！」と思い、「声を上げてくれてありがとう」と言ってくれる人がいる限り、私は伝え続けたいと思います。

⑥ 法律はきょうだいの自由と幸せの味方！

　このように、社会が進んでいくなかで、「きょうだい・ヤングケアラーの人権」という新しいテーマについて、知人の弁護士や憲法の研究者と一緒に考えてきました。

　法律の立場から伝えられることは、たとえば、「障害のある兄弟姉妹の世話」「結婚や出産」「住む場所」「進路や職業」は、「あなたがどうしたいかを尊重します。あなたは自由です」「あなたには自分の幸せを求める権利があります」「あなたがどうするかは自分で決められます。誰の許可もいりません」というのが法律の考え方だということです。

　憲法の「個人の尊重（自由）」「幸福追求権」「自己決定権」です。具体的に、「教育を受ける権利」「職業選択の自由」「居住・移転の自由（住む場所の自由）」もあります。「こうしなければいけない」という義務や強制はありません。

　つまり、障害のある兄弟姉妹の世話は、自分の意思でしてもいいし、しな

くてもいい。自分ができる範囲、してあげたいと思う範囲でするのでもいい。実家や地元を出てもいいし、出なくてもいい。戻ってきてもいい。進路・職業、結婚・出産なども自分の意思で何を選んでもいいのです。

🌀 法律上、あなたは自由です！ あなたの希望で選択できます！

自分の人生だからそんなことは当たり前じゃないか！　という人もいると思いますが、きょうだいからの相談でこのことを話すと、そうだったのか！という反応がとても多いです。

じつは、私自身も本当の意味で気づけたのは、弁護士になってから数年後でした。悩んだ末に、地元の父の事務所で働いていましたが、仕事はやりがいよりも大変さが大きかったです。弟に障害があるから自分が父の跡継ぎとして弁護士にならないといけなくなった、自分が好きで選んだわけじゃない、という気持ちではできない仕事でした。口から出るのは不満の言葉。仕事も、父との関係も、恋愛もうまくいかず、心身の調子も崩しました。

そんな時に、ふとした会話のなかで、先輩弁護士に「毎日、すべてのことは、一つひとつ自分で選択しているんだよね？　あなたは自由だ。誰の許可もいらないんだよ」と言われてハッとしたのです。

🌀 でも、なぜかある申し訳なさ

その言葉がきっかけで、私は、ひとまず休職を選択しました。その後、父の事務所から独立することにしたのですが、父には相談せず、自分だけで決意して手続きをしました。夫、母と弟は理解してくれましたが、父を傷つけました。周囲からも、それまでは親孝行な娘だとほめられていたのに、一転して親不孝な娘になり、「父が可哀想だ」「弟に障害があるのにひどい」と言われるようになりました。心が痛みました。

もちろん、法律上、私が父の事務所から独立するのは、私の自由です。それでもなぜか、申し訳なさを感じました。自由＝幸せではないと思いました。でも、現状のままはもっと苦しいわけです。誰にどう思われてもいい、

家族の縁を切られても仕方ない、という心境でした。

　法律を持ち出してまで、自分を守らないといけない状況は、弁護士の私でも非常にしんどい状況でした。しかし、**だからこそ、法律が自分を守ってくれる意義や、支えてくれる人のありがたさを身をもって実感しました。**

　法律では自由だとしても、自分の気持ちが整理できない場合や、誰かの言葉や世間の目が心を縛る場合もあります。それでも、法律は判断の参考や決断の背中を押す一助になると思います。制度や支援、体験談やヒントも紹介していきます。そうすれば、次の行動が見えてくるかもしれません。**せっかくの人生、一度きりです。**

⑥ 誰もが悩まず、幸せになれる世の中に

　後日談ですが、それから数年後、ヤングケアラーが社会から注目されて、父は、私のことやきょうだいの課題を理解してくれるようになりました。また、地元の自治体や地域の方々がヤングケアラーの勉強会の講師に呼んでくださいました。ありがたいです。

　ここまでは、きょうだいの立場から話してきましたが、**障害のある兄弟姉妹も、親も幸せでいてほしい**です。誰もが悩んだりしなくてすむ、安心でき、幸せになれる世の中になるように、一人のきょうだいとして、弁護士として、できることを一つずつ、前に進めていきたいと思います。

弟と私の**将来**は
どうなっちゃう
んだろう……？

互いに40歳前後のいい大人に
なりました。悩みもありますが、
それなりに自分らしくやっていま
す。親は70代。親の高齢化や親
亡きあとの準備に直面しています。
少しずつ、向き合い始めています。

ジロジロ、ヒソヒソ。
悪口を言われたら
どうすれば？

私は受け入れないこと、ひとりで
溜め込まないことを心がけています。
なかなか難しいことですが……。相
手が親族や近所の人、友人など身近
な関係の場合は、親や先生などから
「やめてほしい」と伝えてもらうのも
一つの方法だと思います。

結局、
私の悩みの
答え合わせを
すると

弟の障害のことは、
どう話したら
いい？反応は？

いつも、言おうとして、喉元まで出かかって言え
ないということが多かったです。恋人だけじゃなく、
友人に対しても。反応は、「そうなんだ」が一番多
かったですね。さらっと話すか、重い感じで話すか
にもよります。なぜその人に話したいか？ですね。

私が父の仕事（弁護士）
を**継がないと**
いけない？

私は弁護士にはなりましたが、父と数年間一緒に働いたあと
に独立しました。現在は一緒にしている仕事もあります。かな
り一方的に独立を決意しました。私と父は別の人間なのでしか
たないですが、このテーマは一晩中話せます（たぶん）。

障害に関係のある**仕事**を選んだほうがいい？

福祉にはあまり関心がなく、自分が手話通訳士になるとは全く思いませんでした。手話を通して出会った人生の先輩方の自分を強くもって生きる姿に多くを教えてもらいました。自分もきょうだいとしての活動を頑張りたいと思いました。

実家や地元を出たい！けれど、出ていいの？

私は、結婚を機に埼玉県の実家を出て、神奈川県に住んでいます。実家や地元を出るのは、進学、就職・転職の機会や思い立ったタイミングで。また戻りたいと思ったときは戻る選択肢もあると思います。

親を見て大変そうだから、**子育て**はしたくない

ずっとそう思っていました。だから、「子どもが絶対ほしい！」という人とは、結婚できないな……と。今、子どもはいません。でも、きょうだいの活動を始めてから、子育てを悩みながらも楽しんでいる親の方々にたくさん出会えて、自分も変わったと思います。

障害のある弟がいる私と**恋愛や結婚**をしてくれる人はいる？

ありがたいことに、そういう人がいました。私の場合、自分を理解してほしい、実家を出たいという思いから、恋愛や結婚への憧れが強くて……。相手のことも理解して支え合う姿勢が大事ですね。恋愛や結婚は、さまざまな考え方や状況があると思います。

きょうだいの活動をすることを
家族はどう思っている？

　講演などでよくある質問に、「きょうだいの活動や発信していること
について、弟さんや親はどう思っていますか？」というものがありま
す。私の答えは、「私の場合、弟や親は応援してくれています。でも、
互いに複雑な気持ちも抱えています」です。

　親や弟は、私が自分や家族の話をすることについては、「心は痛いけ
れど、誰かの役に立つのならば」という思いをもってくれています。ま
た、「自由奔放で突き進む性格のお姉ちゃんを止められない……」とい
う気持ちもあると言われました。

　自由奔放で思い出すエピソードがあります。弟とはマンガやゲーム
（言葉が文字で出る）でよく遊びましたが、今から思うと、私のほうが
弟よりも夢中でした。その時は、弟の耳が聞こえないことや自分が姉で
あることから自由で、遊ぶのもケンカも遠慮なく常に本気でした。ま
た、親にも全力でぶつかることが多かったと思います。きょうだい会に
出会ってからは、家族だけでなく友人や恩師にもきょうだいの活動の話
ばかりをして辟易されていたと思います。一番感謝しているのは、周囲
が「私の言動を受け止めようとしてくれた」ことです。

　ただ、今はいろいろと考えるようになりました。「自分に正直に」「何
でもオープンに話せる、受け止め合う」と同時に、相手に合わせて調整
する「遠慮や思いやり」「時には受け止めすぎない」というバランスが
大事だと思います。きょうだいの活動や発信を始めてからは、特に意識
するようにしています。

第 2 章
さまざまな
きょうだい

◎ きょうだいは本当にさまざま

　第1章では、自己紹介として私の話をしましたが、きょうだいは、一人ひとり環境も経験も考え方も本当にさまざまです。

①兄弟姉妹関係

　人数、生まれた順番や性別、年齢差、兄・弟・姉・妹のどの立場か、性格、兄弟姉妹の仲はどうか、亡くなっている兄弟姉妹がいるか、など。

②兄弟姉妹の障害や病気の種類

　障害や病気の特性、生活の自立度やコミュニケーション、必要な支援の内容、福祉・教育・医療などの支援を受けているか、など。

③親子や親族関係

　親の兄弟姉妹関係や障害に対する考え方や対応、きょうだいに対する期待、親子や祖父母などの親族の仲はどうか、親族からの支援があるか、家庭の経済状況、地域　など。

④きょうだいへの周囲の理解やサポート情報

　身近に理解者や相談相手がいるか、きょうだいの体験談や将来の見通し、障害や福祉、法律の知識、きょうだい会の情報があるか、など。

⑤影響を受けた度合い（きょうだい度数）

　障害のある兄弟姉妹がいることが、自分の人生の選択や意向（進路・職業、住む場所、結婚・子育てなど）、生活、考え方や性格に影響があるか、など。

　私自身は、①〜⑤の要素が変わっていたら悩みがより重くなっていただろう部分と、あまり悩まずにすんだかもしれない部分があります。きょうだいであることに強い影響を受けたという人もいれば、あまり影響を感じていないという人もいます。障害のある兄弟姉妹や親への感情も、好き、嫌い、両方、どちらでもない、わからないなどさまざまです。

　以下、全国障害者とともに歩む兄弟姉妹の会が実施したアンケート調査結果から、きょうだいがつらかったこと、よかったことの例を紹介します。（2021年度版より一部語句を変更。20代〜70代の165名のきょうだいが回答。全体はホームページに掲載しています）

つらかったこと、あるとよかったこと

　（主に子どもの頃に）特につらかったことは、多い順に「親の期待が大きすぎた」「親が自分のことを十分にかまってくれなかった」「友達に話せなかった」「障害のある兄弟姉妹がいたずらをして困った」「障害のある兄弟姉妹へのいじめ、ほかの兄弟姉妹の関係と違う」「親に虐待（厳しいしつけを含む）された」「自分へのいじめ、ほかの家族と違う」「障害の内容や将来の見通しなどの情報不足、親の不仲」でした。なお、「つらかったことはない」という回答もありました。

　これに対して、「あるとよかったこと」は、「相談相手」が一番多く、「きょうだいのことを相談できる人がいたら人生が違っていたと思う」というコメントもありました。続いて、「子どものきょうだい活動（集まり）」「障害についての学習の場」「スクールカウンセラー」でした。

　きょうだいのつらさは、障害のある兄弟姉妹の言動によるものもありますが（いたずらをして困ったなど）、親との関係（期待が大きすぎた、十分にかまってくれなかった）、いじめ（障害への無理解）、きょうだいが相談でき

る相手がいない（親や先生などにも話せない、悩みを理解してもらえない）ことにあることが多いです。

よかったこと

　障害のある兄弟姉妹がいて特によかったことは、多い順に「社会問題に関心がもてた」「やさしい心がもてた」「活躍できた（福祉や特別支援学校の教員の仕事の仕事に出会えてよかったなど）、障害が理解できた、よい人たちと知り合えた、障害のある兄弟姉妹と仲がよい」「家族の心がまとまった、自分を見つめることができた、得したことがある（障害者割引や優待、障害のある兄弟姉妹がいなかったら経験できないことができた、作文で賞をもらった、など）」でした。

　「社会問題に関心がもてた」や「やさしい心がもてた」は、つらかったことと表裏の場合もあると思います。たとえば、障害のある兄弟姉妹がいなければ、無神経に人を傷つける人間になっていたかもしれない。体験と説得力をもって家族や障害のある人について話すことができる。人を見る目が養われた、辛抱強くなった、あきらめる力がついた、などです。

　「よい人たちと知り合えた」や「家族の心がまとまった」の回答は、先ほどの「あるとよかったこと」で一番多かった、相談できる相手や理解者がいたということだと思います。

障害のある兄弟姉妹がいて実際によかったことは何もないが、どうにかよかったと思おうとしている人もいます。でも、過剰適応して、よかったことを無理して探す必要はないと思います。また、「こんなことがよかったことでしょ？」と押し付けたり、結び付けようとすることは、周囲の人にやめてほしいこととしてよく話題になります。

最後に紹介したいのが、「就職、結婚・出産など、いろいろ考える機会をもらえた。自分の選択の幅を広げたり、狭めたりしたが、その結果よい選択ができた」というコメントです。第1章でお話した「個人の尊重（自由）」「幸福追求権」「自己決定権」につながる大切なことです。コメントには、どんな職業を選んだのか、結婚・出産でどんな選択をしたかは書かれていませんが、選択した内容は関係ありません。きょうだいが自分でよい選択ができたと思えていることが、一番よいことだと思います。

本書は、この本を読んでくださった方々が、「よい選択ができた」といえる選択ができることをゴールとして目指したいと思います。

🌀 きょうだいだから選択するときに考えること〜進路・結婚・親亡きあとまで〜

進路・結婚・親亡きあとは、それがきょうだい会に参加するきっかけになる人も多い3つの課題です。先ほどの第1章でお話したとおり、私もそうでした。きょうだい会の先輩の「親は半生だけど、きょうだいは一生」という言葉には、とてつもない重みを感じます。

進学や就職などで実家を出る、地元を出るは、多くの人が考えること。でも、兄弟姉妹の将来について親が亡くなった後のことまで考えるのは、（程度の差はあれ）私たちきょうだいの特有の傾向ではないでしょうか？

ほかにも、きょうだいに特有の傾向として、子ども時代から、親や周囲の言葉や期待を受けたり、家族への世話や気遣いが必要な状況があります。

第1章でもお話ししたとおり、自分の人生の選択は、法律上、強制はなく、親の許可も不要で、全部自分の希望と判断で決めていいのです。

なのに、きょうだいは、「障害のある兄弟姉妹の世話は誰がするの？」と考えたり、この人と結婚していいのかと考えるタイミングで、「身内に障害

者がいる事実を受け入れてもらえるのか？」と考える場合があります。さらに、時には「障害のある兄弟姉妹ができないことをやって親を喜ばせるべき？」「自分だけが幸せになってよいのか？」など、考えたりします。

　そして、親の介護問題については、「（現時点で障害のある兄弟姉妹の世話をしている）親が高齢や病気になったり、亡くなったら誰が兄弟姉妹の世話をするの？」「自分の子どもと親や兄弟姉妹の世話でダブル、トリプルケアになってしまう？」という不安を抱くこともあります。

ほかのきょうだいはどう思っているか、
何を考えているか

　私のまわりのきょうだいに、進路・結婚・親亡きあとなどへの思いや考えを尋ねてみました。皆それぞれ違う考え方や背景があります。

・進路は自由でしたが、障害のある兄のことを考えて実家から通える転勤のない仕事を選択。その後、何度か転職もしましたが、大事なのは自分がやりたい仕事を選ぶことだと思います。（親亡きあと世代）
・障害児教育に興味がある。障害のある弟とは仲良くやっていきたい。きょうだいとしての悩みはあまりないけれど、親亡きあとのことは、親とちゃんと話さないといけないと思います。（学生）
・悪いことは障害のある弟が引き受けてくれたから、その分頑張らなきゃと思うようにしていました。（社会人）
・結婚や出産は悩んだ末に決断。自分が幸せになることは家族も喜んでくれることだと思います。（社会人）
・子育ては大変、というのが刷り込まれているからなのか、絶対に子どもがほしい、とまでは思えません。（社会人）
・障害のある弟関連で一方的に我慢を強いられるだけでなく、父から母へのモラハラ、母から私へのバウンダリー（境界線）の破壊など、弟に関係のないことでも機能不全が生じている家庭でした。親が亡くなったら相続放棄をし、弟の世話もすべて断る予定です。（社会人）

⟳ 気になっていることは？
～きょうだいの課題チェックリスト～

　このシートに無理なく書ける範囲で、当てはまるものに☑を、迷う場合は複数に☑を入れてみてください。回答しながら思ったことや疑問などは、もしよければ（　　）欄や余白に書いてみてください。これまで、心のなかで考えてきたことや、もしかすると知らないこと、考えたことがなかった項目

▎ きょうだいのこと

あなたの立場は？

☐きょうだい（　　）人兄弟姉妹の（　　）番目

☐兄　　　☐弟　　　☐姉　　　☐妹　　　☐その他

☐亡くなった兄弟姉妹がいる

☐親、祖父母、おじおば、おいめい、いとこなど

☐障害や病気の当事者　☐支援者、周囲の方、その他

障害・病気なのはどなたですか？

☐兄　　☐弟　　☐姉　　☐妹　　☐その他（　　　　　　　　　）

☐複数の場合など（　　　　　　　　　　　　　　　　　　　　　）

障害・病気などの兄弟姉妹（家族）がいることによる影響は？　誰からの影響？

☐影響は大きい　　　　　☐影響はある　　　　　☐影響はあまりない

☐親や周囲からの影響　　　☐障害のある兄弟姉妹からの影響

▼理由やコメント

もあるかもしれません。

　第3章からは、きょうだいが自分の将来を考えたときの不安や困りごと、幅広い悩み、質問などを「法律ではこう考える」という視点から回答しています。あなたが不安に思ったときや迷ったときの判断の参考にしてみてください。

希望、心配や悩みは？（重要だと思うものに☑）
- ☐自分の生活、時間、心身の健康・疲労
- ☐自分の性格、考え方、人間関係の傾向　　☐自分の人生のこと
- ☐自分の障害や病気（可能性含む）
- ☐進路・職業（分野、場所、お金のことなど）
- ☐住む場所（実家や地元から出るか、戻るか、同居や別居など）
- ☐恋愛・結婚・子育て（意向など）
- ☐趣味、好きなこと、やりたいことなど
- ☐実家の家族との関わり方、家族の仲はどうか
  - ☐深く関わりたい　　　　　　　☐できる範囲で関わりたい
  - ☐最小限／ほどほどの関わりに　☐全く関わりたくない／関われない
- ☐親の高齢化や亡くなったあとの障害のある兄弟姉妹のこと
  - ☐親と話し合い、準備している　☐準備していない／知らない
  - ☐親と話したいが話しにくい　　☐関心がない

▎兄弟姉妹の障害・病気について

障害・病気の種類
☐身体　☐知的　☐精神　☐発達　☐病気　☐依存症　☐その他
具体的には（　　　　　　　　　　　　　　　　　　　　　）

障害者手帳や病気の診断（受診）、福祉の支援
☐ある（　　　　　　　　　　　　　　）　☐ない

障害や病気がわかった時期、なった時期
☐生まれた時から　☐未成年の時から（　　歳頃）　☐成人後（　　歳頃）

第3章からは、具体的な不安や悩み、困りごとが並びます。
大きく分けると以下のとおりです。

法律 きょうだいと法律

01~04、06 扶養義務、13、48 保証人（家賃、就職、施設）
25、26 介護休業制度、43、44 成年後見制度
50 弁護士に相談

お金 きょうだいとお金

05、08、27、39、42 相続・遺言、奨学金、生活保護
※ トラブル も参照

人生 きょうだいの人生

07、09~12 実家を出る、進路・就職
14~18 恋愛・結婚・出産

家族 家族との関わり方

19、40、41、45、46 親亡きあと、準備と話し合い
※相続・遺言は お金 を参照
34、35 家族から離れたい、分籍
※ 福祉 の行政にSOSも参照

福祉 障害のある兄弟姉妹の福祉、きょうだいの福祉

20~22、24、47、49 障害福祉サービスを受けたい、入所施設探し
23、36~38 家族が世話をできない、行政にSOS、虐待、暴力から逃げたい
※生活保護は お金 を参照

トラブル 障害のある兄弟姉妹や親のトラブルときょうだいの責任

28~33 消費者トラブルや詐欺、人をケガさせてしまった

きょうだいの 50の疑問・不安 に答えます

01

障害のある弟がいます。
きょうだいは一生、
世話をしなくてはいけないのですか？

親や周囲から**「将来はよろしくね」「きょうだいがいるから安心」**と言われます。私は弟とずっと一緒に暮らして、世話や生活費の面倒をみなくてはいけないのですか？

NO です！ 法律上、親は成人になるまでは子どもの世話をしなければいけませんが、きょうだいは違います。世話（福祉サービスの手続きや見守り、お金の管理などを含む）をするかは、あなたが選べます。弟さんが心配なのはわかりますが、**このような言葉がけは×です。**

すごく安心しました！関わり方も、毎日、月1回、年1回、ほとんど関わらないなど、選べるのですね。

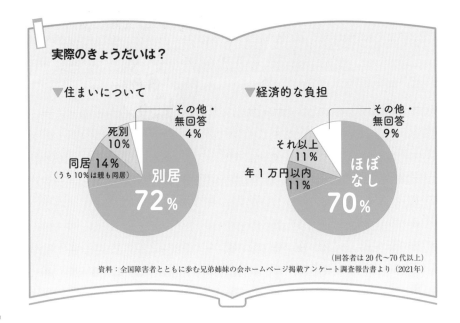

実際のきょうだいは？

▼住まいについて

その他・無回答 4%
死別 10%
同居 14%（うち10％は親も同居）
別居 72%

▼経済的な負担

その他・無回答 9%
それ以上 11%
年1万円以内 11%
ほぼなし 70%

（回答者は20代～70代以上）
資料：全国障害者とともに歩む兄弟姉妹の会ホームページ掲載アンケート調査報告書より（2021年）

POINT

☐ 法律上、きょうだいは
世話をして当たり前ではない

☐ きょうだいの希望や状況に応じて
選ぶことができる

弟さんには、生活の世話や住む場所は福祉サービス、お金は障害年金や生活保護など、国や市区町村の制度があります。「憲法」の「生存権」の保障は国の責任です。

そんな制度があるのですね！

今もこれから先も、あなたの幸せと親の幸せ、弟さんの幸せ、全員の幸せが合えば一番ですが、対立したり、調整が必要なこともあると思います。そのときに思い出してほしいのが、「あなたがあなたの幸せを求める権利、自分の人生を自分で選ぶ権利を守ります！」という法律の考え方です（個人の尊重（自由）、幸福追求権、自己決定権：P.7 参照）。

私は何かを考えるときの土台に、いつも弟の障害や親の希望があった気がします。簡単には割り切れませんが、一度、土台を取り払って「自分」のことを考えてみようと思います。

02

法律に「きょうだいに扶養義務」と書かれている!?
私には「義務」があるんですか？

法律に「きょうだいには扶養義務がある」と書かれているらしいですが、私には弟を世話する「義務」があるんですか？

民法という法律にその条文がありますが、扶養義務は2種類あって、きょうだいは下記**2**の弱い義務です。
実際に世話やお金の仕送りなどを強制されることは、99%ありません！

直系血族及び兄弟姉妹は、互いに扶養する義務がある
（民法第877条第1項）

1 未成年の子ども、夫婦（強い義務）
「自分と同じ生活レベルの生活をさせる義務」（生活保持義務）
➡子どもの養育費、夫婦の生活費を支払わなければならない

2 きょうだい、成人後の親子関係、祖父母と孫など（弱い義務）
「自分に余裕がある範囲で助ける義務」（生活扶助義務）
➡きょうだいや親へのお金の仕送りはしても、しなくてもよい
※「夫婦は、婚姻から生ずる費用を分担する」（民法第760条）

> **POINT**

☐ きょうだいには扶養義務は
　事実上ナシ！

☐ まずは自分の生活を守る、
　優先する

🙂 きょうだいは、「余裕がある範囲で助ける」。余裕がなければ、障害
のある兄弟姉妹や親への仕送りなどをしなくてよいのですね（詳しい説
明は Q3）。

😊 はい。法律は「**まずは自分の生活。未成年の子ども、夫婦の生活を
守る、優先させる**」という考え方です。もし、弟さんや親が生活に
困ったときは生活保護などの制度が使えます。

🙂 ホッとしました。なんとなく申し訳ないですが……。

😊 誰も悪くないのにそのような心情をもちやすいからこそ、法律があ
るのだと思います。**障害の有無に関わらず、自分の兄弟姉妹や親が
生活保護などの支援を受けて生活している人はたくさんいます。**

03

趣味にお金を使ってはダメ!?
「余裕がある範囲で助ける」の
「余裕がある」の基準は？

きょうだいは「余裕がある範囲で助ける」に少し不安が……。私は
会社員です。休みに旅行をするのが生きがいなのですが、がまんし
て実家にお金を仕送りすべきですか？

答えは NO です。一般的な収入額の範囲で趣味を楽しむことは、「余
裕がある」ことにはなりません。趣味やリフレッシュも仕事のうち
ともいいますよね！

余裕がある範囲で助ける

1 基準

自分の収入、職業、社会的地位にふさわしい生活をしたうえで余裕
がある範囲で金銭的な援助をする

➡衣食住のほか、たとえば、自動車、子どもの教育費、趣味などは
　自分の収入などに応じて自由にお金を使って問題なし

2 どのように判断するのか

家族の話し合い、家庭裁判所の調停・審判

➡経済的な状況、生活の状況、意向などを考慮

☐ 自分が働いて稼いだお金は、
　自由に使っていい！が大原則

☐ お金の援助は
　あなたの意思を尊重して OK

憲法の「個人の尊重（自由）」「幸福追求権」「自己決定権」（P.7 参照）からも、**自分が稼いだお金は自分で自由に使える**ことが大原則です（義務は税金などだけ）。

自分の収入、職業、社会的地位にふさわしい生活をしたうえで「余裕がある」人はほとんどいないでしょう。

安心しました。著名人の家族が生活保護を受けているというニュースを見たことがあります。多くの収入や財産がある場合でなければ、「余裕がない」と言っていいということでしょうか。

はい。ただ、多くの収入や財産がある場合でも、**親やきょうだいへのお金の援助は、その人の意思を尊重するべきで**、強制するものではないと思います。その人は、高額の税金を払っていて、そのお金は生活保護などに使われているわけですから。

第3章 きょうだいの50の疑問・不安に答えます

029

04 扶養義務ってどこまで？同居や世話をする義務もありますか？

扶養義務の「余裕のある範囲」で、障害のある兄弟姉妹と同居や世話をしなければいけないのでしょうか。

答えは NO です。同居や世話は扶養義務には入っていません。
法律上、親と未成年の子ども、夫婦には、同居や世話をする義務がありますが、**きょうだいの場合はありません。**

❶扶養の種類
- 金銭扶養（お金の援助）【原則】
- 引取扶養（同居と世話）
- 身上監護扶養（世話）
  ➡同居や世話は「互いの合意」がある場合のみ

❷（参考）同居や世話の義務が含まれる場合
- 親の未成年の子への監護（世話）・教育の義務
- 夫婦の同居・協力義務

POINT

- ☐ 扶養義務はお金の援助が原則
  同居や世話の義務はなし

- ☐ 家族であっても
  同居や世話をすることは強制されない

古い裁判例に、てんかん症のある人が同居していた親の死後、きょうだいに対して、「時々家に来て、身の回りの世話をしてほしい」と求めたものがありますが、裁判所は「長期にわたる労働を強いることになるから、世話を強制することは認められない」と判断しました。

人間関係の悪化などの事情があるケースでしたが、裁判所は、「(世話は)愛情によって自発的に行ってくれることを期待するほかない」とも述べています。

裁判所って、かなりドライというか割り切った考え方をしますね。

はい。「きょうだいだから」という理由で世話は強制できないということですね。

現在だったら、障害福祉サービスで、身体介護や調理、洗濯、掃除、買い物などの家事援助が受けられます。

きょうだいが複数いる場合、扶養義務は平等ですよね？

世話をした分、財産を多くもらいたい

私は3人の兄弟姉妹です。長男の兄、長女の私、障害のある弟がいます。兄は実家を出ており、同居している私が弟と父の世話をしていますが、兄はお金の仕送りすらしません。私と兄の扶養義務は平等なはずですよね？

答えはYESです。ただし、きょうだいは弱い扶養義務のため、お兄さんに強制することは難しいです……。

ならば兄は全く何もしていないので、私は親の財産を多くもらえますよね？　親の財産は実家と貯金です。

❶兄弟姉妹への扶養義務

兄弟姉妹が複数いる場合は全員平等

❷親への扶養義務

子ども（兄弟姉妹）は全員平等

❸親の財産の相続分

・子ども（兄弟姉妹）は全員平等（法定相続分）

・親の遺言や子ども（兄弟姉妹）の話し合いなどで変更可能

➡遺言でも、法定相続分の半分をもらえる権利＝遺留分をなくすことはできない

POINT

☐ 親の財産の相続は
介護に関係なく平等が原則

☐ 親の遺言があれば、世話をしていない
兄より多くもらうことは可能

兄　私　障害のある弟

| 1/3 | 1/3 | 1/3 | ＝扶養義務 |
| 1/3 | 1/3 | 1/3 | ＝法定相続分 |

遺留分 1/6 1/6 ➡ 1/6 1/3　　1/3　＝遺言（例）

相続について説明すると、まず、法律上、**相続分は兄弟姉妹3人平等**です。そして実は、世話や介護の貢献（寄与分）は、「同居の家族であれば当然」だと考慮されにくいです。

えっ!? 世話をしてもしなくても同じってことですか？ それでは私は報われません。何か方法はないですか？

相続は子どもとしての立場の権利なので……。もし、「親の財産の全部をあなたと弟さんに」という遺言などがされた場合は、お兄さんの権利は法定相続分（1/3）の半分の遺留分である1/6になります。その際、「遺留分をもらう／いらない」はお兄さんの判断です。

親に**遺言**を頼んでみようと思います。

相続争いを避けるには、遺言は、お兄さんに遺留分の 1/6 相当は最低でも残すことも検討が必要です。

兄の分がゼロの遺言にはできないんですか？

できますが、その場合は、先ほど説明した「兄が遺留分の 1/6 を請求する、しない」という問題が起きます。**お兄さんの判断ですが、その妻や子どもの意向も関わるので……。**

兄が遠慮しても、兄の妻が「もらえるものはもらっておきましょ！」と言いそうです。というか、私ならそうします。

そもそも、遺言の内容は親に決める権利があります。

遺留分について

❶遺言で遺留分相当を遺されなかった相続人（遺留分権利者）

遺留分に相当する金銭の支払を請求できる

請求するかどうかは、その人の判断

❷請求の期限

・親が亡くなって相続が開始したこと、遺留分をもらえていないことの両方を知ってから 1 年

・親が亡くなってから 10 年

❸遺留分を算定するための遺産の計算方法

残された相続財産＋遺贈＋ 1 年以内にされた贈与の財産の価額

ほかに注意が必要なのは、**親の口座から出金したお金の収支は記録して、領収書も保管**しておきましょう。もし親の口座から不明な出金があると、あなたがもらったり（贈与）、使い込んだと疑われて、その分のお金をお兄さんから請求されるなどのトラブルの原因になります。

それは困りますね……。金銭管理ををきちんとして不要なトラブルは避けたいです。

また、**障害のある弟さんは、遺言がないと、判断能力によっては相続手続に成年後見人が必要になる場合があるので、親に遺言を書いてもらうことが望ましい**です（詳しくはQ42）。

親に遺言について相談してみます。

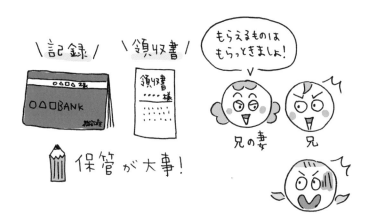

06 結婚を考えている相手がいます。
結婚相手にも扶養義務が生じますか？

結婚を考えている彼女がいます。

障害のある弟のことを彼女に話す前に確認したいのですが、私と結婚すると、彼女に弟の世話をする義務や扶養義務が生じるのでしょうか。

答えは NO です。あなたと結婚しても、彼女には弟さんへの扶養義務や世話をする義務は生じません（そもそも扶養義務はお金の義務。世話や同居は強制できません。Q4 参照）。

---

1 直系血族及び兄弟姉妹（民法第 877 条第 1 項）
- 親と子ども（1 親等の血族）
- 兄弟姉妹、祖父母と孫（2 親等の血族）
- ➡扶養義務がある（きょうだいは弱い義務）

2 3 親等内の親族（民法第 877 条第 2 項）
- おじ、おば、おい、めい（3 親等の血族）
- 配偶者の親や兄弟姉妹、継親と連れ子（1、2 親等の姻族）
- ➡扶養義務はない
- ➡「特別の事情」があると、裁判所の判断で扶養義務を負う可能性。しかし、非常に例外的でほとんどケースはない。

POINT

- ☐ 結婚相手には、扶養義務や世話をする義務は生じない
- ☐ 将来の自分の子どもにも扶養義務はない

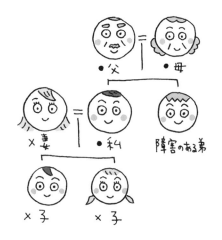

法律上、障害のある弟への
● ＝ 扶養義務アリ
✕ ＝ 扶養義務 ナシ

親は、「結婚相手には、障害のある弟に理解があって、世話にも協力的な人にきてほしい」と言うのですが、違和感がありました。私と結婚しても、彼女に扶養義務はないと知ってホッとしました。

あなたと結婚した場合、彼女とあなたの弟さんは **2 親等の姻族です
が、扶養義務はありません**。また、3 親等内の親族に「特別の事情」があるとされて扶養義務が生じることは、ほぼありません。
裁判例では、父の遺産の代わりに継母を扶養する約束がある場合、継母に恩があって自ら扶養を希望した場合などです。

これで少し安心して彼女に弟の障害のことを話せます。もし子ども（弟のおい、めい）が生まれた場合も、私の弟への扶養義務はないと知ってホッとしました。

法律はそう考えています。社会の考え方も変わってきています。

そもそも兄弟姉妹は
法律ではどのような関係？

一番近くて一番遠い

　兄弟姉妹の関係は、基本的に、同じ親をもち、一緒に育つという偶然から始まります。生物学的にも、環境的にも、互いに一番近い存在といえます。しかし、当たり前ですが、兄弟姉妹といってもそれぞれが一人ひとり違う人間で、自分の人生があります。そして、関係性も多種多様です。

　また、関係性は子ども時代、それぞれが独立して自分の生活や自分の家族をつくっていく時期、親が高齢となり介護が必要になる時期などで変化していきます。兄弟姉妹は、親友、親代わり、ライバル、疎遠など、一番近い存在から一番遠い存在になる可能性までを含んだ不思議な関係です。

さまざまな兄弟姉妹のかたち

　兄弟姉妹のなかには、父母の両方が同じ場合だけでなく、父母のどちらかだけが同じ場合もあります。その場合、一緒に生活をすることがなく、互いの存在を知らないこともあります。また、血のつながりがない場合でも、たとえば、子どもがいる人同士の再婚などで養子縁組をすることにより、法律上の兄弟姉妹となる場合もあります。こうして見ると、兄弟姉妹は、「親」を起点とする関係だと改めて感じます。

法律に「兄弟姉妹」が出てくるのは主に相続

　家族に関する法律は「民法」ですが、そのなかに「兄弟姉妹」という言葉は10か所ほど出てきます。ほとんどは相続に関することです。

　私が仕事で兄弟姉妹関係に関わることが一番多いのは、「親が亡くなった場合の相続」です。子どもたちである兄弟姉妹の法定相続分は平等です。しかし、幼少期からの親の不平等の影響や長男が大切にされる

など、生まれた順番や性別などが重視されているのを感じる場合があります。「兄弟姉妹の平等」は大切な原則だと感じます。なお、亡くなった親に配偶者（夫・妻）がいる場合は、配偶者が半分（1/2）、子どもたちが残りの半分（1/2）の財産を人数に応じて分けます。

夫婦の財産なのに、夫の兄弟姉妹も相続？

　亡くなった人に子どもがいない場合は、親、兄弟姉妹の順番で相続人になります。子どものいない夫婦の場合に特に問題になります。

　たとえば、夫が亡くなり（夫の親はすでに他界）、妻と夫の兄弟姉妹たちが相続人になるケースを何度か担当したことがあります。その場合の法定相続分は、妻が3/4、夫の兄弟姉妹たちが1/4になります。「夫の兄弟姉妹にも財産を分けないといけないのですか！」と驚かれます。この法律のルールは現実に合っていない面があり、私も疑問です（なお、妻と夫の親が相続人になる場合の法定相続分は妻2/3、夫の親1/3です）。

　夫の兄弟姉妹には相続放棄をしてもらったり、ある程度の金額で納得してもらえるケースが多いですが、連絡や手続も大変です。また、兄弟姉妹に障害がある場合は、判断能力によっては成年後見人を選任して法定相続分を相続させる必要が生じるのでより複雑です。

　このような問題を防ぐには、夫婦が互いに遺言で「全部の財産を配偶者（夫・妻）に与える」と書いておくことです。兄弟姉妹には遺留分という最低限の割合をもらえる権利（Q5参照）がないので、遺言を書いておけば、兄弟姉妹に財産を分ける必要はなくなります。

弟中心の実家は落ち着けない
実家を出たいです！

実家は、障害のある弟が中心で、私は家では落ち着けません。進学か就職で必ず実家を出たくて、毎日放課後は図書館が閉まるまで勉強を頑張っています。

進学や就職は、実家を出るよいタイミングですね。法律上、18歳以上の成人は、「どこに住むか」を自分の希望で決められます。また、勉強は「実家を出る」ためだけじゃなくて、せっかくなので「自分が何をやりたいのか」も大事に考えたいですね。

きょうだいが実家を出るきっかけと住むところ

1 進学
　学校の寮など、親戚宅、一人暮らし、シェアハウス、留学

2 就職、転勤、転職
　会社の寮や社宅など、一人暮らし、シェアハウス

3 結婚、同棲、友人とのルームシェア

4 暴力、虐待、家庭内の問題からの保護と自立支援
　児童相談所、児童養護施設、シェルター、自立援助ホーム

5 その他のきっかけ
　誕生日の区切り、資金が貯まった時、決意した時、思い立った時

POINT

☐ **きょうだいが家を出るには**
進学や就職はよいタイミング

☐ **住みたい場所は自分で選んでいい**
具体的に調べたり、行動してみよう

寮生活をしてみたいです！ 奨学金の予定で、一人暮らしはお金が
かかるし、親戚の家は気を遣うので。

私が通っていた福祉系の専門学校（国立）は、全国から学生が集まっ
ていて、寮費は月5000円で、しかも学校から徒歩1分。

いいですね。いろんな学校のオープンキャンパスに行ってみたいで
す。自分は**「実家を出たい！」**が一番の原動力で、特にやりたいこ
とがまだないので、興味をもてることを探しています。

やりたいことがまだ見つからない場合は、やりたくないことから消
去法で消していくのも、**「幸福追求権」「自己決定権」**（P.7参照）実現
の一つの方法かなと思います。

なるほどですね。自分では「寮」がキーワードなので、そこから、
全国のいろんな学校や分野を調べてみようかと思います。

08 奨学金は借金だから返済が大変？
奨学金での進学を検討中です

親から進学先を反対されて、奨学金での進学を考えていますが、借金と同じなのでプレッシャーを感じています。

奨学金を活用して**人生を切り拓いていく意欲を応援したいです！**「教育を受ける権利」は大事な権利です。**返さなくてよい**給付型の奨学金**や**授業料や入学金の免除・減額の制度**もあります。**インターネットで調べたり、進路の先生に相談してみてください。

---

1 奨学金の種類

　給付型：返済は不要

　貸与型：返済が必要（利子なし／あり）

　➡返還期間の猶予や減額、免除の場合も。わからないことや困ったことは、奨学金の担当者（日本学生支援機構など）への早めの相談が大事

2 授業料と入学金の免除・減額

3 必要な条件の例

　・学ぶ意欲、家計、学力、時期（年１回、春と秋など）

　・親の失職や災害による家計の急変、親の暴力等から避難など

　　➡時期を問わず、日本学生支援機構の奨学金を申請可能

4 国の高等教育の修学支援新制度

　給付型奨学金（返還不要）、授業料の減額・免除制度

　住民税非課税世帯およびそれに準ずる世帯の学生

POINT

□ 返済不要な奨学金もあるので、
まずは調べることが大事

□ 返済や免除の条件は
しっかり確認する

貸与型でも、**一定期間の勤務での返済免除**や就職先の返還支援など
もあるのですね！ 申請には締切があるので、早めに準備をしないと
です。

締切は厳守ですね。なお、親の失職や災害、親の暴力等からの避難
で奨学金が必要な場合は、時期を問わず申請できます（**3**）。

知りませんでした！ 困った時に、情報を知っているか、調べられる
か、知っていそうな人に教えてもらえるかが大事ですね。

また、**奨学金は申請前に条件をしっかり確認を！「知らなかった」
はトラブルのもと**です（返す必要があることを知らず、もらえると思っていた人もい
ます）。貸与型は毎月いくらを何年で返還するのか？ 保証人や保証会
社は？ 一定期間の勤務による返済免除は何年の勤務が必要か？ 途
中で退職する際は？ などを確認、早めに相談することが必要です。

第**3**章 きょうだいの50の疑問・不安に答えます

09

やりたい仕事か、医療・福祉、安定した公務員などの仕事か？

将来の進路・仕事に迷っています

進路に迷っています。自分のやりたい仕事か、姉の障害に関係のある医療や福祉、または安定した公務員や姉のために稼げる仕事がよいのか。親からもいろいろ希望や夢を言われて…。

悩みますね。正解はないですが、働くのはあなた。**職業選択の自由**ですから、「**自分の希望と適性に合っている、続けられそうだ**」と思える仕事を「あなたが」選ぶのが一番だと思います。
また、**障害のあるお姉さんには障害年金や生活保護などがあるので、あなたがお金の心配をする必要はありません。**

きょうだいが進学・職業選択で考えることの例

1 仕事の内容
- 障害に関係ある仕事か、関係のない仕事か
- 安定した公務員などの仕事か
- 家業を継ぐか

2 場所
- 実家から通うか、実家を出るか、転勤があるかどうか
- 学校や職場の寮に住むか

3 その他
- 奨学金などの情報がほしい
- 自分の希望と親や周囲の希望が合わない

☐ 「あなたの」職業選択の自由
＝自分で選ぶことが大事！

☐ 障害年金や生活保護があるので
お金の心配はしなくていい

たしかに、**きょうだいが医療、福祉、特別支援教育などの障害に関係のある仕事や公務員に就く割合は多い**印象はあります。知っている職業が選択肢になりますから。

その仕事が天職になったり、福祉関係の事業を立ち上げた人もいます。他方で、障害と関係のない仕事に就職する人もいます。

どの仕事でも自分で選ぶことが大切だと思います。また、仕事は変えることもできます。親や他人は、もしその仕事が合わなかった場合でも責任をとってくれるわけではないので……。助言や意見は参考と考えたいですね。やらされ感は×です。

なるほど。**いろいろな仕事の選択肢を知ることは大事**ですね。自分に合った仕事を選べるように、まずは興味のある仕事をしている人に話を聞いてみたり、できれば見学や実習、アルバイトさせてもらおうかと思います。

10 福祉系の学校に進学したけど、向いていない……
ほかの進路を考えたいです

親や周囲からの期待で福祉系の学校に入りました。でも、授業や実習であまり向いていないと感じました。ほかの分野で就職活動をしたいです。親にどう説明しようかと……。

授業や実習は、きょうだいとして複雑な思いや気づきがあったと思います。私も似た経験がありますが、ある方の「貴重な経験をしているね」という言葉に救われました。本来、「あなた」の職業選択の自由ですから、自分で選ぶのが一番。周りの期待と別の進路を選ぶことを迷ったり、遠慮する必要はありません。

障害に関係ある仕事か

❶自分の希望と意思【一番重要‼】
- 身近で興味や関心がある。自分の経験を活かしたい
- 避けたい
- 就職しやすそう
- ほかの分野に興味や関心がある

❷親や周りの希望や期待
- 福祉や医療などに興味を持ってくれたらうれしい
- 障害のある兄弟姉妹の役に立つ仕事をしてほしい
- きょうだいには福祉に進んでほしくない
- どのような仕事でも、自分に向いている仕事がよい

□ 進路は変更できる

□ 学校やきょうだい会で似た事例を
聞いて参考にするのも◎

👧 **親には自分の考えや気持ちを説明したほうがいい**ですよね。でも、
反応が不安でなかなか勇気が出ません。学校の友達も福祉系の就職
が多いので、あまり言えていません。

👵 まず、**学校の就職相談や、きょうだい会などで話してみるのも一つ
の方法ですね**。似た悩みや経験は多いです。学校には似たような参
考事例や助言があると思います。
親に話すのは、就職活動に向けてプラスになるかで判断しては？ 反
対やガッカリされてストレスになると、大事な就職活動に支障が出
るので……（経験談）。
就職先が決まってから、「就活を機にさまざまな職種を検討して決め
た」と**事後報告するのもあり**です。**もう成人**ですし、就職活動で親
の同意を求められることはありません。
「あなた」の職業選択の自由ですから、自分の希望と意思が一番大
切。就職活動でよい選択や経験ができたと思えるように。今はそこ
にエネルギーを集中させたいですね。

進学を機に実家を出た。親の希望に従って地元で就職するべき!?

大学進学を機に一人暮らしをしていますが、親に「卒業後は地元で公務員になってほしい」と言われました。障害のある妹のことは心配ですが、実家に縛られずに就職先を探したいです。でも、学費と一人暮らしの生活費を払ってもらったので申し訳ない気もします。

就職先や勤務地は、「親の希望」「親が幸せになれるか」よりも、**「自分の希望と意思」「自分が幸せになれるか」で決めましょう。成人であれば、親の許可や同意はいりません。また、学費等を払ってもらっても、法律上、親の希望を強制することはできません。**

未成年の子どもに対する親の権利と義務

1 親権

2 監護（世話）・教育の権利と義務（生活費、学費の支払いを含む）
子の人格を尊重、年齢や発達の程度への配慮、
体罰や心身の健全な発達に有害な影響を及ぼす言動を禁止
（民法 2022 年改正で追加）

3 居所（住む場所）の指定権
住む場所は、親との同居または親の許可が必要

4 職業の許可権
アルバイト等、働くには親の許可が必要

法律上は **18歳の成人を機に、住む場所や学校、アルバイト・就職について、親の許可や同意が不要**になり、**自分で自由に選択できる**ようになります。**成人後は親と対等**です。

ですが、**成人後も学生で、親に学費や生活費を払ってもらっている場合**、親子の間で住む場所や学校、就職などについて**「親の許可や同意が必要」**という意識が続く傾向にあります。

まさにその状態です！
親には感謝していますが、「障害なく産んで育ててあげた」「障害のある妹の分も私に学費等を払った」と言われると、「これが一生続くのか…」と重く感じます。

でも、**親の苦労や不安、私に期待したい気持ちもわかるので、「親と障害のある妹を置いて、自分だけ自由でいいのか……」**とも悩みます。

多くのきょうだいが「イヤだった」と語る言葉ですね。私の親も「深く考えずについ言ってしまっていた」と反省していました。

民法の 2022 年改正で、親の監護・教育の権利について「**子の人格を尊重**」「**心身の健全な発達に有害な影響を及ぼす言動を禁止**」などが追加されましたが、重要なことです。

恩着せがましい発言は逆に心が離れますよね。少なくとも今の状況で、地元で公務員になって、自分が幸せになれる予感は全くしません。

真剣に考えているから悩むわけですし、自分の意思が明確なのは立派です。**地元には別のところで働いた後でも希望すれば戻れます。**

ご両親の複雑なお気持ちはお察ししますが、これも子どもの成長だと喜ばしく思ってほしいな……、というのが私の勝手な願いです。

（さまざまな選択がある上で、検討の参考として）**きょうだいに限らず、何年か働いたあとに地元に戻る人はいます**。きょうだいの先輩は、「障害のある兄弟姉妹や親のことが心配で、将来は地元に戻ることも少し視野にあるなら、なおさら**親が元気なうちに外に出ておいた方が悔いは残らない**」と言っていました。実家に縛られずに、**地元に戻る選択も、戻らない選択もどちらもあっていい**と思います。

また、**どこに住むかと実家との関わり方や頻度はもちろん関係しますが、本来は別に考える問題**です。きょうだいに限らず、実家から離れた場所に住んでいるけれど連絡は頻繁にとっているという場合もあれば、同じ市内に住んでいてもほぼ関わりがない場合もあります。住む場所だけでなく、距離感も自分で選べます。

いろんな可能性を考えながら就職活動をしてみます。私は、全国のいろんなところに住んでみたくて、転勤のある会社もいいなと考えています。親に「きょうだい」のことを理解してもらうためにも、親に対抗するためにも（笑）、**自分の経験値を上げていきたい**と思います！

12

就職活動で障害のある
姉のことを話すか迷う……
家族のことは話すべきですか？

就職活動で志望動機を正直に話すと、障害のある姉がいて福祉系の進路と迷ったことから経緯の説明が必要ですが、障害とあまり関係のない企業では不利になりそうで抵抗があります。

面接では、**志望動機や事情をそこまで詳しく話す必要はない**と思います。厚生労働省の「公正な採用選考の基本」では、**家族の質問は就職差別につながるおそれがあるため禁止**されています。

■1 公正な採用選考の基本（厚生労働省）
・応募者の基本的人権を尊重すること
・応募者の適性・能力に基づいた基準により行うこと
・応募者の適性・能力とは関係のない事項で採否を決定しない
　例：本人に責任のない事項
　　家族に関すること　職業、続柄、健康、病歴、地位、学歴、
　　収入、資産など
　例：本来自由であるべき思想・信条などに関すること
　　尊敬している人、好きな本、座右の銘など

■2 個人情報保護
社会的差別の原因となるおそれのある個人情報などの収集は原則として認められない。

☐ **自分の適性や能力のアピール につながるかで判断**

☐ **面接で家族の健康や病歴を聞くこと は NG ！**

＜聞いていいこと＞

☑ 自己紹介
☑ 志望動機
☑ 実績

＜聞いてはいけないこと＞

☑ 家族　☑ 職業
☑ 健康　☑ 資産
☑ 信条

家族の健康や病歴は、「家族の事情による休職や早期離職をしない か？」などの評価につながるので、会社から質問はできません。 **障害のあるお姉さんのことは、自己の適性・能力のアピールとして 話すのはよい**ですが、抵抗を感じる場合に話す必要はありません。

そのようなルールがあるのですね。面接で話す内容を考える際の基 準として参考になります。姉の障害を「差別の原因となるおそれ」 とされるのも抵抗がありますが、まずは就職面接に受かることが優 先なので……。会社の分野や面接の流れで判断します。

実は、私も就活のときに似た悩みがありました。面接官の経験があ る方からの**「面接では話の内容よりも質問に対して適切な応答がで きるかを評価の対象としている。だから、抵抗のある内容を無理に 話す必要はない」**という助言がとても参考になりました。応援して います！

13

親が家を出ることや就職に反対
保証人になってくれません

親が家を出ることに反対しています。部屋の賃貸や就職の保証人を親に頼めず困っています。

どちらも担当者に事情を話して相談してみましょう。法律上、18歳以上の成人は「どこに住むか」「就職先」は自分の意思で決めることができ、親の同意はいらないはずなのに、自立の壁となる大きな問題です。家庭状況により頼める人がいない、親と関わりたくない場合にも同じ問題が起こっています。

保証人の役割

■1 部屋の賃貸の保証人

賃料の支払いを滞納したときに代わりに支払う

・賃貸保証会社の利用
　➡保証料は初年度は家賃0.5〜1か月分。それ以降年1〜2万円程度が相場
・身元保証人確保対策事業（児童養護施設、自立援助ホーム退所後）

■2 就職の身元保証人

就業規則等を守って誠実に勤務すること、損害賠償の保証

会社により上限額の定めあり、期間は3年。期間の定めがなくても最長5年。一定以上の収入、2人以上などの条件がある場合も

■3 緊急連絡先

緊急時や本人と連絡が取れない場合の連絡先

> **POINT**

☐ **まずは不動産業者、会社に相談を！**

☐ **自分で勝手に親のサインをしてはダメ**

保証会社

⬆ 契約

家賃

⬆ 相談

身元保証人

部屋の賃貸の保証は賃料支払いなど**お金の保証**ですが、会社の身元保証は誠実に勤務するかなど、**人の保証**の要素が強いです。

部屋の賃貸は保証会社を利用したいです。
でも就職は、どうすれば……？　身元保証人の欄に自分で親の名前を書いてしまおうかとも考えています。

身元保証人を頼める人がいないという悩みは多いです。会社に「親との関係があまりよくなくて」と相談してみましょう。不要になったり、ほかの人への依頼などの提案があると思います。**無断でサインするのは私文書偽造・行使罪になるので絶対やめて**ください！

あとでトラブルになると困りますしね……。会社に相談します。

会社はさまざまな事情がある人に配慮した対応をすることが、社会的責任として必要です。

14 交際相手に、障害のある姉のことをいつ、どう伝える？

相手と家族の反応が心配です

交際相手に、障害のある姉のことを話せなくて悩んでいます。姉の障害が恥ずかしいとか隠したいわけではなく、相手に伝えたいけれど、相手やその家族の反応が心配です。

悩みますね。交際相手に限らず、誰かに障害のある兄弟姉妹のことを話すかどうかや話を切り出すタイミング、伝え方は、**相手との関係や伝える必要性、信頼できる相手かどうか等を見極めて、自分の意思で決めたい**ですね。

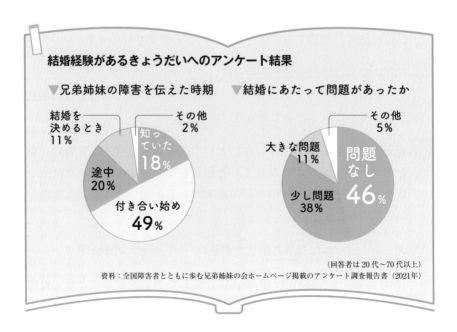

結婚経験があるきょうだいへのアンケート結果

▼兄弟姉妹の障害を伝えた時期

- 結婚を決めるとき 11%
- その他 2%
- 知っていた 18%
- 途中 20%
- 付き合い始め 49%

▼結婚にあたって問題があったか

- その他 5%
- 大きな問題 11%
- 問題なし 46%
- 少し問題 38%

（回答者は20代〜70代以上）

資料：全国障害者とともに歩む兄弟姉妹の会ホームページ掲載のアンケート調査報告書（2021年）

POINT

☐ **自分の意思とタイミングを大切に**

☐ **相手との信頼関係を基準に判断**

「付き合う前に知っていた」「付き合い始めに話す」が 67 ％なのですね。また、「大きな問題がなかった」が 84 ％ということで少し安心しました。**勇気を出して早めに伝えるのがよい**と思いました。

そうですね。ちなみに、相手の立場からは、「早く話してほしかった。少し不信感をもった」「詳しいことは質問しにくい」「結婚はしても障害のある兄弟姉妹との同居や世話は無理」などの意見があります。

法律上、婚約や結婚の際に、いつ、どのような情報を伝えるかについて明確な基準はなく、「相手との信頼関係」が基準です。（結婚相談所などは、そのルールによります。）自分の気持ちとタイミングを大切にしつつ、相手やその家族に誠実に向き合って伝えることが大切です。

15 交際相手の親から結婚を反対されています……
私は結婚できますか？

交際して5年の相手と婚約しました。ところが、相手のご両親が「家族に障害者は……」「遺伝は？」「結婚は賛成できない」と……。

相手のご両親の理解は大切ですが、**法律上は18歳以上は互いの合意で結婚できます！ 親の同意は不要**です。「**あなたと相手が結婚したいかどうか**」だけです。

結婚に関する法的な解説

■1 二人の合意だけで結婚できる（憲法・民法）

・互いに対等の権利、相互の協力で結婚を維持
 同居義務、協力・助け合う義務
 扶養義務、結婚生活のお金の分担をする義務（Q2：強い義務）
 ほかの人と浮気しない義務

 ➡人間は弱くて愛や誓いだけではなかなか続かないため、
 　法律が愛を守る（＝ある意味では縛る）仕組み

 参考：健やかなるときも、病めるときも、富めるときも貧しきときも、夫／妻として愛し、敬い、慈しむ事を誓いますか？

■2 結婚を親に反対された場合の選択肢

・結婚する（親の反対を押し切る／説得して賛成してもらう）
・婚姻届を出さずに事実婚、同棲、このまま交際を続ける
・結婚せずに別れる（互いに合意して別れる、自分が／相手が別れたい）

□ お互いの合意があれば結婚できる

□ 別れる場合、
慰謝料を請求できる場合もある

私は彼と結婚したいです。きょうだいとして大変だったけど頑張っ
てきたことを彼は理解してくれて……。彼と穏やかな家庭を作って、
私も幸せになりたいです。

あなたの気持ちが決まってるのなら、彼次第ですね。極論を言えば、
「あなたとの人生を選ぶか？、親を選ぶか？」「自分が幸せになれる
のはどちらか？」という彼の**幸福追求権、自己決定権**です。

彼のことは信じたいですが……。万が一、「どっちも大切で選べな
い」とか、「親を悲しませて結婚しても幸せになれない。別れたい」
になった場合は？

今度は、あなたが「彼と一緒にいることを選ぶか、別れることを選
ぶか」ですね。
たとえば、一緒に生活すること（同棲）は、結婚しなくてもできます。
また、婚姻届を出さないで**事実婚**を選ぶ人もいます。**別姓の希望**や、
法律で縛られたくないという考え、親族の反対などからです。

婚約後に彼から「別れたい」って言われても、「私は別れたくない」と拒否していいんですよね？

はい。ただ、彼の気持ちが完全になくなっている場合は、一緒にいても苦しいかもしれません……。**法律では、最終的にはお金でしか解決できない**ですが、婚約破棄の慰謝料は請求できる場合があります。

婚約破棄と慰謝料請求

1 婚約破棄

結婚の約束を一方的に取り消すこと（合意なし）

相手に「結婚しろ」と強制することはできない

➡法律的には、お金（慰謝料）で解決するしかない

2 慰謝料を請求できる場合

自分には非がない理由で、相手から婚約破棄された場合

・相手の心変わり

・親の反対、親族との不和

・自分に責任のない事項、本来自由であるべきこと
　国籍、人種、家庭事情、障害、病気、学歴、職業、宗教

➡個別事情により、金額は数十万円〜数百万円（参考）

～数か月後～

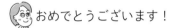いろいろありましたが、彼が「親が反対しても、二人だけで結婚しよう」と言ってくれました。

おめでとうございます！

でも、彼に親を捨てさせていいんでしょうか……？

彼が自分の意思で決めたことに、あなたがいいとか悪いとか言えることではありません。 法律は「**あなたたち二人が結婚して幸せになりたいと決めたことを応援したい！**」「**相手の親の反対や兄弟姉妹の障害は関係ない**」という考え方です。
そういう気持ちから結婚を自分からやめてしまう人もいるので、**あなたの背中を押したいです。**

なんとなく、彼とご両親に申し訳なくて…。

その分、彼と協力して助け合って、二人で幸せになれるように頑張ればよいのでは？　法律は**一番守られるべきあなたの味方**です。

は、はいっ！

ちなみに結婚式は、二人だけの式になったり、相手の親族が欠席するかもしれませんが、しばらく時間が経ったり、孫が生まれると和解する例もあります。いずれにしても、二人の新しい生活をまずは大切にしてください。

16

子どもがほしいけれど、遺伝カウンセリングを受けるか悩む……　どうすればいいですか？

子どもがほしいと思っているのですが、妹の障害と遺伝のことが心配です。知りたい気持ちと知りたくない気持ちがあって、遺伝カウンセリングを受けるかどうか悩んでいます。

一度、住んでいる地域の病院の遺伝カウンセリングに電話などで問い合わせてみてはいかがでしょうか。カウンセリングを受けるかどうか悩んでいることを相談するのは選択肢の一つだと思います。

そうします。パートナーにはまだ相談できていないのですが、もう少し情報を集めて、自分の方向性が決まったら相談します。

遺伝カウンセリングで質問されること（答えられる範囲で）

❶ 遺伝カウンセリングを受ける目的

❷ 兄弟姉妹の障害・病気の診断名や経緯

❸ 家族・親族関係（特に障害・病気のこと）

❹ 兄弟姉妹の遺伝子検査の結果（ある場合）

　事前にメモをまとめておくとスムーズです。情報があれば、より詳しい遺伝カウンセリングができる可能性は高まりますが、答えられる範囲の回答でかまいません。病院は「登録機関遺伝子医療体制検索・提供システム」で検索することができます。

□ 遺伝カウンセリングを受けるか
　どうかを相談することもできる

□ 家族の協力は任意。誰でも自分の遺伝情
　報を知る権利、知りたくない権利がある

診断名や検査結果なども必要なのですね。妹の障害の診断名はなんとなく知っていますが、確認が必要です。遺伝子検査の結果はあるのかわかりません。**親や兄弟姉妹に遺伝カウンセリングのことをどう伝えたらいいのか悩みます。**

そうですね。**家族の協力は任意です。遺伝カウンセリングですべての情報がわかるわけではない**ですが、自分の遺伝情報については知る権利も、知りたくない権利もあります。そのことを理解したうえで慎重に話してみてはいかがでしょうか？

なお、検査結果などがなくても、遺伝の基本知識やその障害・病気と遺伝の関係など、**一般的な情報の説明**は受けられます。

17

両親から二世帯住宅で障害の ある妹と同居する提案が 妻に同居に応じてもらえる？

同じ市内に住む実家の親から、両親と障害のある妹との同居、二世帯住宅への建て替えを提案されています。弟家族も隣の市に住んでいますが、長男の責任を感じます。妻は応じてくれるでしょうか。

法律上、あなたの妻にはあなたと同居の義務はあっても、ご両親や妹さんとの同居や世話の義務はありません。同居は妻の意向次第です。ご両親と妹さんの将来については、同居を考える前に弟さんも交えて話し合うのが望ましいです。

同居にあたり確認したいこと

■1 同居について意向を確認する相手
- 自分の妻、子ども
- 実家の両親、障害のある妹
- ほかのきょうだい

■2 親と障害のある兄弟姉妹の介護
- 現状と将来の見通し、やるべきこと
- 自分の役割と、ほかのきょうだいの役割分担
  妻、子どもの関わりは義務ではなく任意

■3 同居と相続トラブルの防止
- 特に、ほかにきょうだいがいる場合

POINT

☐ 配偶者の両親や兄弟姉妹との
　同居義務はないので妻の意向による

☐ 法律上、兄弟姉妹は対等。
　一人で背負わなくてよい

妻からは「同居はできない」「あなたの親や妹とは、程よい距離感でいたい」との答えでした。正直ホッとしています。同居の人間関係や、二世帯住宅への建て替えはローンなども大変ですから……。

二世帯住宅は、同居の解消がしづらく、相続のことを考えておかないと問題が起こりやすいですからね……。

これでよかったと思います。同居以外の方法を考えていこうと、今週末に両親と妹、弟と自分の5人で食事をする予定です。弟は次男で気楽な性格ですが、長男の私はなんとかしなければ……とプレッシャーを感じます。

しんどいと感じたときは、一人で背負い過ぎないでくださいね。
今の法律では、長男のあなた、弟さん、そして障害のある妹さんは、兄弟姉妹として互いに対等な立場です。

18

親が「孫が楽しみ！」と言っているけれど……
子どもを希望するか悩みます

障害のある弟を親が育てる大変さを見て、子どもを希望するか、悩みます。親は「孫が楽しみ！」と簡単に言いますが、遺伝や障害の心配があります。私に何かあったら、その子が弟の世話をする運命に？

あなたとパートナーには**「自分たちが幸せになるために、何を希望するか？」を選択する権利**があります。**子どもをもつ、子どもをもたないなどを選択する権利**は**性と生殖に関する健康と権利**（リプロダクティブヘルスライツ）の一部です。

子どもをもつかどうかで考えること（例）

❶性と生殖に関する健康と権利

「すべてのカップルと個人が、子どもの数、出産間隔、時期を自由に責任をもって決め、情報と手段を得る権利」など

➡子どもをもつ・もたない、避妊、人工妊娠中絶の選択も

➡幸福追求権、自己決定権〔憲法〕

❷悩み

・自分の体験から子どもを希望するか、無理解なプレッシャー

・遺伝、障害・病気への心配

・おい・めいとして、きょうだいに近い悩みをもつ可能性

・将来、障害のある兄弟姉妹（おじ・おば）の世話を担う可能性

□ 子どもをもつかどうかは
「あなた」が自由に選ぶこと

□ 物事を判断するには情報が必要。
先輩きょうだいに聞くのも◎

こんなモヤモヤした気持ちをパートナーに話しても……。

きょうだい特有の複雑な感覚ですよね（※個人差あり）。一度、きょうだい会で子育てしている人などの話を聞いてみては？ **物事を判断するには情報が必要です。**

～数か月後～

きょうだい会で子育て中の方やおい・めいの方の話を聞けました。その勢いでパートナーにも話したら「えっ、そこまで考えていたの？」と言われました。

親にも正直に、「あんなに子育てが大変そうだったのに、どうして私に孫って言えるの？」ってぶつけたら、謝られて……。親は、「あなたたちを育てて喜びもたくさんあったからね」と。

引き続き、考えていこうと思います。

19

障害のある妹に対して、自分にできることはしたい 何からすればいいでしょうか？

私は、障害のある妹と仲が良いです。今は妹のことは母が中心にサポートしていますが、自分の気持ちとして将来はできることはしたいと思っています。今からしておいたほうがよいことはありますか？

まずは、**ご両親や妹さんと話してみることが第一歩**です。以下を参考にどのようなことが必要なのか？　できることは何か？　親の病気などの緊急時は？　など、一緒に考えていくために必要な情報や将来像、それぞれの思いや希望を共有していきましょう。

親亡きあとのイメージや準備についてのより具体的なリストはQ40、41 などを参照してください。

1️⃣ 障害のある兄弟姉妹の状況
- ・障害者手帳、障害福祉サービス受給者証、障害年金の有無
- ・生活状況、通院や服薬、お金の収支
- ・利用施設、サービス事業者、役所、病院などの連絡先と担当者

2️⃣ 親が行っているサポートの内容
- ・日々の生活、福祉サービスの手続や連絡、お金の管理、病院の付き添い、薬の管理、トラブル対応
- ・親の会や家族会

3️⃣ 将来像・それぞれの思いや希望
- ・親と兄弟姉妹の住む場所（実家、施設、一人暮らしなど）
- ・2️⃣で引き継げる内容や関われる頻度、支援者、成年後見人
- ・親の高齢化と終活、介護、病院、看取り、葬儀、相続

☐ まずは親や兄弟姉妹と話すことから
始める

☐ 親に何かあった時に
誰に連絡したらよいかを確認 !!

私に何か
あったときは…

こんなにあるんですね！ 全体像をつかむことができてわかりやすい
ですね。まずは **1** **2** の具体的な内容を母に聞いてみます。

この本を一緒に見ながらだと話しやすいかもしれません。特に**1**の
**利用施設、サービス事業者、役所、病院の連絡先や担当者のリスト
は、ご両親に何かあった際など緊急時のために重要**です。機会があ
れば、担当者に挨拶して顔つなぎをしておけるとよいですね。

また、緊急時にいきなり初めての場所で初めての外泊をするのでは
なく、**普段から１泊２日などのショートステイを体験して、慣れて
おくと安心**です。家族のレスパイト（休息）にもなります。家族以外
の人と関わることや外泊が難しい場合は、家に来てもらえる訪問
サービス、短時間や日帰りのサービスから慣れていきたいです（障害
福祉サービスの利用申請については Q20 参照）。

20 弟にショートステイを利用してもらいたい まず何をすればいいですか？

障害のある弟にショートステイを利用してみては？ と考えているのですが、何をすればいいですか？

障害福祉サービスを受けるには、まず**役所に申請**が必要です（申請主義）。本人か家族が市区町村の担当窓口に行って、**利用申請の手続き**をして、調査など受給者証の交付まで **2か月くらい**かかります。

支援を受けるには、申請が必要なのですね。それ以前にどんな制度やサービスがあるのか自体、よく知らなくて……。

「生存権」の保障として、福祉サービスなどがありますが、**「必要な支援を受けられるのに受けられていない」**実態があります。

\ Point!! /
申請しないと
サービスを受けられない!!

☐ まずは役所に利用申請が必要
　 受給者証を取得する

☐ サービスを受けるのに 2 か月かかる
　 こともあるので早めに動く

福祉サービスのポイント

1 国民の生存権（憲法 25 条 1 項）

健康で文化的な最低限度の生活をする権利

2 国家の生活保障の義務（同 2 項）

社会福祉、社会保障、公衆衛生

3 申請主義

福祉サービスを受けるには、本人や家族の自主的な申請が必要

➡制度・サービスの存在、利用方法を知らない

➡自ら支援を求めることができない、心理的なためらい

福祉サービス利用の流れ

1 サービスの利用申請

役所の障害福祉課に申請、基幹相談支援センターなどに相談

2 障害支援区分の認定調査、判定

訪問調査（障害や生活の状況の聞き取り調査）、医師の診断書

3 サービス等利用計画案の作成、提出

相談支援専門員と面接、施設探しや見学

4 市町村の支給決定と受給者証の交付

計画案を参考に、利用できるサービスの種類や量を決定

5 事業所と利用契約

サービス利用計画に基づいて、施設と契約

6 サービスの利用

申請からサービスが利用できるまで 2 か月程かかる

本人自ら支援を求められないことや、申請への心理的なためらいも**大きな壁**ですよね（Q21 参照）。

はい。**役所の担当者や相談支援専門員**が本人と親の話をよく聞き、ショートステイ施設の**見学**などに同行してくれたため、ようやく本人と親にサービスの申請を希望してもらえた、という事例もあります。基幹相談支援センターなどにも相談できます。

役所の担当者には、**公務員として「生存権」保障の責務**があるとはいえ、協力してもらえるのはありがたいですね。

医師の意見書が必要な場合もありますが、病院や医師によってはなかなか書いてくれないケースもあるので、できれば口コミなどで病院の情報を集めたいです。

書類や面接、施設の見学など大変ですが、一つひとつクリアしていきたいです。

① 申請　② 訪問調査　③ 医師の意見書（必要な場合）　④ 施設の見学　⑤ ここまで約2か月　受給者証

福祉サービスを利用したきょうだいの声

　きょうだいの体験を紹介します。信頼できる支援者との出会いが転機になることが多いようです。

・障害のある兄は、ショートステイで少しずつ慣れていき、特別支援学校卒業後は、グループホームに入所して作業所に通っています。週末は実家に帰ってきます。（学生）

・実家の親が他人を家に入れることに抵抗を感じていましたが、コロナ禍で障害のある弟の通院や付き添いが難しくなり、訪問診療や看護を受けるように。少し安心しました。（社会人）

・障害のある姉は、アパートで一人暮らし。よいヘルパーさんに出会えてよかった。必要な時は手助けしますが、互いに自立して自分の人生を満喫することが大事だと思います。（社会人）

・親が認知症になり、障害のある弟がグループホームに入所。親子を離すのはつらかったが、弟は今の生活が居心地がよいらしく、実家への帰省は盆暮れと長い連休くらいです。（社会人）

・親亡きあと、施設に入った妹との面会は月1回くらい。手続きや連絡など、小さなことでも積み重なると大変です。（親亡きあと世代）

・法人に成年後見人を依頼したが、お金の管理だけでなく、障害のある姉や施設の職員ともよく面談してくれます。（親亡きあと世代）

・障害のある兄は、笑顔が多く、愛されていました。葬儀の時に施設の職員の方々が多く参列。お世話をしてもらうだけでない相互の関係性を実感しました。（親亡きあと世代）

21 親が障害福祉サービスの 利用申請をしない…… 私に何ができますか？

私がいろいろと調べて、「（障害のある姉に）まずは体験ショートステイ（一時入所）だ！」と、親に障害福祉サービスの利用申請（Q20）を提案したのですが、親（母）は動きません。役所に相談に行ったら、「親に申請の意思がないと……」と言われました。報われないです。

頑張られましたね（泣）。まずは、**お姉さん本人への説明と意思決定支援が第一**です。イメージをもってもらうために見学にいくのも大切です（親も一緒に）。お母さんへのフォローは、お母さんが「この人が言うことなら」と信頼している人に協力をお願いしたり、お母さんに合う親の会を見つけられるといいですね。

１兄弟姉妹（本人）への説明と意思決定支援
・最終的な判断は本人が行えるように支援
　理解しやすい説明の工夫、見学、不安への対処

２親への対応
・心理的抵抗、不安、子どもと離れたくない、障害を認めたくない
　などの理由がある
　必要な知識や情報提供、心理面のサポートが必要、見学も
　➡親が信頼できる人、親の会、家族会など

- ☑ **本人の意思が第一！**
  見学に行ってイメージをもってもらう
- ☑ **親が信頼している人に**
  親のフォローをしてもらう

姉の意思が第一ですね。姉は母から大事にされていて、母を頼りにしています。互いに離れるのが不安なようです。でも、母も年を重ねて心配ですし、**母と同じことは、きょうだいの私にはできません**……。

お姉さんもお母さんもあなたも、**それぞれが自分の人生を生きていけるとよい**ですよね。

はい。ただ、私が強く言い過ぎると、姉や母は責められているように感じるのかもしれませんが、二人のことが心配で……。

あなたは自分にできることを十分されている、と私は思います！ただ、結果が出るまでは時間がかかります。お姉さんとお母さん次第の部分もあります。無理し過ぎず、**自分のことも大切**にしていただけたらいいなと思います。よかったら、きょうだい会にも参加してみてくださいね。

22 同居の家族がいると福祉サービスが減らされるのですか？

障害のある兄、親と同居しています。家族が世話をすることを前提に障害福祉サービスが減らされています。兄は身体が大きく、高齢の親では大きな負担です。また、私も仕事後に兄の世話をしていて疲れています。

国からは、「(家族)介護者の状況に配慮するように」と自治体への指示助言が出ています。**家族の生活や仕事、心身の健康などが犠牲にされたり、支障が出ないように配慮**（＝福祉サービスによる支援）**が必要です。**

1 福祉サービス支給の判断要素
- 障害支援区分（1～6段階）、障害や心身の状況で判断
- （家族）介護者の状況…年齢、心身の状況、就労状況などに配慮
- 置かれている環境、障害者、障害児の保護者の意向

2 国の第5次障害者基本計画（令和5年度～9年度）
- 家族やヤングケアラーへの支援も重要
- 相談や福祉サービスの情報提供をして必要な支援につなぐ
- 負担軽減のため、家事援助、短期入所等の提供体制の確保

3 ケアラー支援条例
家族などの介護者が個人として尊重され、健康で文化的な生活を送れるように社会で支えることが目的（2024年1月現在で20の自治体で制定）

☑ 国からは「（家族）介護者の状況に
配慮するように」指示あり

☑ 「家族がいるなら家族が介護」は
正しくない

家族の年齢や心身の状況、就労状況などにもっと配慮する必要があると思います！ また、**同居の家族がいても、障害のある兄にとっては専門職のヘルパーが適切かつ望ましいです。**

サービスが減らされる背景には「家族がいるなら家族が介護を」という発想があります。しかし、現在、全国 20 の自治体で制定されているケアラー支援条例は、家族介護者を介護資源ではなく、一人の人間としての生活、人生、心身の健康を守り、社会で支えていくための条例です。家族が同居か否かで受けられるサービスに差がないようにしてほしいと思います。

つ、疲れが・・・・・

ハテ!!
ぼくに
まかせて!!

介護サービス

家族は「家族」
でいたいよね…!!

23 家族が世話をできない場合、障害のある兄弟姉妹を行政が支援してくれるのですか？

家族が世話をできない高齢者を行政が支援しているニュースを見ました。障害のある兄弟姉妹も、同じような場合には行政が支援してくれるのですか？

YES です。家族が支援できない場合の**セーフティーネットは、行政の役割**です。行政から支援を受けるためには、まず、**役所の窓口につながることが必要**です。**命やケガのおそれがある場合は、ためらわずに警察・救急にも連絡してください。**

---

1 家族が世話できない場合
- 家族がいない、高齢や病気、遠方にいる
- 関係が疎遠、関わることが心情的に困難、虐待や暴力など

2 行政の支援につながるきっかけ
- 本人、家族、近所の人などが連絡、助けを求めて駆け込む
- 役所：障害福祉課、基幹相談支援センター、
  子ども支援課（18歳未満）、地域包括支援センター（65歳以上）
  ケアラー（家族介護者）、ヤングケアラー相談がある場合も
- 警察・救急、児童相談所、民生委員・児童委員
- 行政への連絡は、障害のある兄弟姉妹の氏名、住所、状況を伝える。伝えるのはわかる範囲で、匿名の連絡も可能

3 市区町村長による成年後見人申立て
本人に身寄りがいない、家族が疎遠や協力困難な場合

POINT

□ 家族が世話できない場合、行政が
セーフティーネットの役割をする

□ 役所や警察・救急への連絡は
必ずしてください

多いのは、障害のある兄弟姉妹の**世話を主にしている親**（母親が多い）
やきょうだいの入院や病気の場合です。遠方に住んでいるきょうだ
いが実家の状況を心配して、役所に連絡した例もあります。

役所のどの窓口に連絡や相談すればいいのですか？

障害福祉課、基幹相談支援センターです（18歳未満は子ども支援課、児童相
談所）。**ケアラー**（家族介護者）、**ヤングケアラー相談窓口**がある場合もあ
ります。すでに役所や支援の担当者がいる場合はその方に相談して
ください。

役所に相談するのは勇気が必要です。対応してくれるのかも不安で
す。

役所や支援者はそれぞれ。家族は限界まで頑張れと言わんばかりの
対応で、（障害のある弟と二人暮らしの例で、以前から相談していたきょうだいが）うつ
病になって医師の診断書を出して、ようやく弟の施設入所に動いて
もらえた例もあります。その一方で、「（きょうだいである）**お姉さん自身
の生活や仕事を大事にしてください**」と励まされたという例もあり
ます。
私も、仕事上、セーフティネットとしての行政の方々にお世話に
なっていますが、**あきらめずに複数の人に相談していくことが大事**
だと思います。役所などの**SNS相談**や地域の**民生委員・児童委員**に
相談して、役所に連絡や同行してもらったケースもあります。

（●●）自分が実家の家族に関わりたくない場合はどうすれば……？

役所や警察・救急への連絡だけはお願いします。家族としての連絡に抵抗があれば、一人の市民として、虐待のおそれ（命や安全への危険）を知った場合の通報義務や相談（匿名でもよい）と考えて、「心配な様子なので連絡しました」という方法でも。**自分の名前、連絡先など、伝えたくないことは伝えなくてかまいません**（Q36）。
あなたがもし一緒に生活している家を出る場合、障害のある兄弟姉妹や高齢の親を放置**してしまうと、**保護責任者遺棄罪のおそれ**があります。役所、警察・救急への連絡は必ずお願いします。**

（●●）行政の支援につなげれば、ひとまず安心ですね。

はい。**家族との関わり方は選べます**（全く関わらない選択肢から緊急連絡先だけにはなるなど。手続や協力は、その都度、自分の意思と状況で判断）。

家族による支援が難しい場合で、**成年後見による支援と保護が必要な場合は**（Q43）、**市区町村長が申立て**を行う制度もあります。

成年後見制度の利用を検討する場面と市区町村長の申立て

本人の判断能力が不十分になっていて、下記の事情などがある場合

■1 金銭管理の支援や悪質商法からの保護が必要

- ・預貯金の払出しや解約、保険金の受取りができない
- ・商品を次々と購入する等、収入に見合った適切な支出ができない
- ・公共料金や税金、介護・福祉サービス利用料、借金が払えていない
- ・管理すべき財産が多額（おおよそ 1000 万円以上）である
- ・悪質な商法にだまされた経験、だまされるおそれがある

■2 家族や知人からの虐待やその疑いからの保護が必要

- ・家族や知人から預貯金や年金を取り上げられるなどの経済的虐待
- ・家族、知人等から身体的・心理的・性的虐待・ネグレクト

■3 医療や福祉サービス契約、相続、不動産の売却の支援と保護が必要

- ・診療・入院契約や介護・福祉サービスの利用契約が進まない
- ・遺産分割協議などの相続手続ができない
- ・不動産の処分（売却、賃貸、抵当権設定等）の必要がある

■4 家族による支援を受けることが困難

- ・本人に身寄りがいない、疎遠など協力を得ることが困難
- ・将来にわたって支えとなる人が必要
  - ➡検討の結果、成年後見が必要な場合、基本的には、**2 親等内の親族（親、兄弟姉妹、配偶者、子、孫まで）に申立ての意思を確認。申立て拒否、本人への虐待、連絡がつかない等の場合は、親族はいないものと扱い、市町村長が申立てをすることになる。**

資料：複数の都道府県の成年後見制度市町村長申立マニュアルを参考

第 **3** 章　きょうだいの 50 の疑問・不安に答えます

24

異性の妹の入浴や排泄、着替えの介助に抵抗感があるのですが……

母は腰を痛めて妹の入浴介助がきつそうです。兄の私も手伝いますが、思春期になり、妹の**入浴や排泄、着替えの介助**に異性として抵抗があります。妹もそうだと思います。

あなたの問題意識は、人間の尊厳に関わる大切なことです。同じように感じている人はたくさんいます。「家族だからいい」「しかたない」「わからないだろう」ではなく、誠実に向き合う必要があります。勇気を出してお母さんに伝え、できるだけ**同性介助によるサービスの利用**を検討しましょう。

■1 異性介助の問題と同性介助の原則
・尊厳、プライバシーにかかわる重要課題
・性的虐待、セクシャルハラスメントのおそれや誤解
・支援拒否につながるおそれ
➡同性による介助サービスをできるだけ利用する

■2 異性きょうだいによる介助
・できるだけ避けるように親や周囲の大人が配慮
・問題意識をもつ。誠実に対応する。軽視しない
・特に、入浴、排泄、着替えなどは「原則は同性介助」とする家族のルールを作る
・同性の親やきょうだいの負担にならないように配慮
➡同性による介助サービスを利用する

- 排泄や入浴介護は
できるだけ同性で行うのが原則

- 親や役所などに相談して、
同性介助によるサービスの利用を検討

母に伝えて、できるだけ同性の介助を受けられる入浴サービスなど
を利用していくことになりました。私の話を否定せずに聞いてくれ
ました。母の腰痛も心配だったのでよかったです。

あなたの勇気と苦悩を誠実に受け止めてくれたのですね。

排泄や着替えの介助は「**同性のヘルパーか母が行う**」が原則ルール
になり、私が行うことは減りました。難しい問題なので、すぐに解
決できなくても、解決に向けて試行錯誤していきたいです。

それが大事です。もし仮に、**取り合ってもらえない場合は、役所の
障害福祉課やヤングケアラー相談窓口に、サービスの利用のことを
含めて相談**してみてください。
相談は相性などもあるので、頼りになる大人が見つかるまで、あき
らめないでほしいと思います。

25 障害のある姉のことで会社を休む場合、有休？ 介護休暇？ 会社に説明すべきですか？

障害のある姉が入院して、退院後の話し合いや福祉サービスの手続きがあります。実家が遠方のこともあり、有休を使って3日間会社を休む予定です。会社には事情を説明したほうがいいでしょうか？

有休を使う場合、基本的に休む理由を説明する必要はありませんが、事情（例：家族が入院など）**をある程度伝えたほうが上司や同僚の理解やサポートが得られる場合もあるので、あなたの意向を踏まえて判断**してください。また育児・介護休業法の**介護休暇**（Q26も参照）などのほか、**会社独自の制度**があれば利用することもできます。

1 有休（年次有給休暇）：労働基準法
→自分の心身の疲労の回復やゆとりある生活のためにまとまった日数の休暇を取得することが本来の趣旨
6か月以上勤続で年10日〜以後、勤続年数ごとに最大20日

2 介護休暇：育児・介護休業法
→家族の介護や世話をするための休暇
対象家族が1人の場合は年5日。2人以上の場合は年10日
時間単位の取得も可能。
有給か無給かは、会社の規定による。

POINT

- □ 有休は会社や上司には理由を説明しなくていい（※会社のルールによる）
- □ 説明したほうが理解を得られる場合も。介護休暇の取得も検討を

介護休暇を使うには、上司や人事部に家族の事情を伝えないとです。今後、有休が足りなくなるかもしれないので、**使える制度は使いたい**です。でも、介護で休むことによる不利益や障害のある姉がいることへの偏見が不安です。

そうですね。会社には介護休業や休暇などの制度を使いやすい環境づくりをするために、不利益取り扱い（解雇、降格など）の禁止、ハラスメント防止対策が法律で義務付けられています。上司や人事部には詳しい事情を話しても、同僚にはそこまで詳しくは知られたくないなどの意向を伝えることもできます。何かあれば、上司、人事部、都道府県労働局雇用環境・均等部（室）に相談してください。
有休の本来の目的は、心身の疲労を回復してゆとりある生活をするためです。**自分のために使うことも大事**だと思います。

26

親の介護、妹の世話、子育てで
介護離職は避けたい！
仕事と介護を両立できますか？

子育てが少し落ち着いたら、親の介護が始まりました。障害のある妹の世話と**トリプルケア状態**です。介護離職は経済的にはもちろん、精神的、肉体的にも負担が増えると聞くので避けたいです。

会社に伝えて、必要に応じて介護休業などの制度を使いましょう。利用できるサービスや支援を最大限活用して、家族、職場、地域で助け合っていきたいですね。

利用できる制度・サービス

1 介護休業制度
- 介護休業
  ➡対象家族1人につき3回まで、通算93日まで
  賃金月額の67%の介護休業給付金が支給（要件あり、申請必要）
- 介護休暇（Q25）
  ➡対象家族1人5日、2人以上10日まで
- 短時間勤務、残業免除、時間外労働や深夜業の制限

2 サービス
- 行政（無料または低額の自己負担、サービス対象者の家事のみ）
- 社会福祉協議会などの非営利団体（やや低額の自己負担）
- 民間企業（高めの自己負担、家族の家事も対応）

POINT

☑ 介護休業制度をうまく利用する

☑ 93日の介護休業は67%の賃金が支給される

介護は終わらないのに、介護休業は93日なのですか？

介護休業の93日は、緊急で自分が介護する場合も使いますが、**主に仕事と介護を両立するための準備**に使います。たとえば、介護認定の申請、ケアマネジャーの決定、介護施設の見学などです。いつか来る看取りに日数を確保する人もいます。

そういう趣旨なのですね。限られた時間で自分の仕事と子育て、介護をするとなると、ほかの人やサービスには頼めないことを優先することが大事ですね。

参考として、**法律が考える優先順位は、まず自分と**（未成年の）**お子さん、パートナー。次に、親や兄弟姉妹**です。

はい。これからは先がわからないマラソンなので、**自分の時間の確保**も大事ですね。

以下に制度のことや相談窓口を並べました。参考にしてください。

介護休業制度を知る

厚生労働省　介護休業制度説明ページ　漫画リーフレットや動画説明も

https://www.mhlw.go.jp/seisakunitsuite/bunya/koyou_roudou/
koyoukintou/ryouritsu/kaigo/

相談窓口

【まずは会社に相談】

上司、人事部など

【介護休業制度のこと、会社との交渉についての相談】

都道府県労働局雇用環境・均等部（室）

【介護休業給付金に関する問い合わせ】

ハローワーク

【介護、障害福祉サービス、子育てに関する相談など】

日常生活に関する困りごとや介護に関する相談など

➡近くの地域包括支援センター（高齢者）、地域基幹センター（障害者）

全般的な相談や介護保険、障害福祉サービスを利用する場合の手続き

➡市区町村の介護保険担当課、障害福祉課

子育てなどに関する相談

➡市町村の子ども支援課、子ども家庭相談センター

介護と仕事、子育て、
自分の生活などとの両立

きょうだいの体験を紹介します。職場や家族の理解や協力や工夫のほか、自分にできることと難しいことの整理も大切になると感じます。

・姉の施設探しで会社を休まなくてはいけない回数が増え、上司に相談。上司も親の介護中で相談しやすかったです。（社会人）

・仕事や育児が忙しかった時は実家から離れていたけれど、親が高齢になると関わる回数が増えるように。結婚の際は夫の親に少し反対されましたが、夫と子どもたちが障害のある弟の送迎や実家との家族旅行に協力してくれることに感謝しています。（社会人）

・仕事、育児、実家のこと、どれも後悔したくないし、負担だと感じたくない。悩みと迷いは尽きないが、その時にできること、したいと思うことをするようにしています。（社会人）

・実家の親の病気と自分の通院が重なり大変でした。個人での作業が多く、時間を調整しやすい仕事なのでオンラインを活用して、（周囲にも詳しい事情を説明せずに）どうにか乗り切れましたが、病院の待ち時間に片隅でオンライン会議をしたこともありました。（社会人）

・親に障害のある弟のことを頼まれると断りにくかった。けれど、無理なことは「できない」と言うこと、仕方がないから自分がやらなければと「よい子」になろうとしないことは、続けていくためにも大事。人生を楽しんでいきたいと思います。（親亡きあと世代）

27

生活保護を申請した弟を
支援できないか？　と
役所から書類が届いた！

役所から、「弟が生活保護を申請した。家族は支援できないか」という内容の書類が届いて驚いています。

これは、生活保護の申請があった際に家族に行う**扶養照会という手続き**です。「問い合わせ」であり、**回答や支援の強制や罰則はありません** (Q2〜4 参照)。

１私的扶養優先の原則
　家族の扶養などは、生活保護よりも先に行われる（生活保護法）
　・生活保護の申請があると、家族への扶養照会が本人の生活状況や収入・財産、就労の可否などの調査とともになされる運用
　➡しかし、家族による扶養が強制されることはほぼない

２家族への扶養照会の内容
　・家族の氏名、住所、緊急連絡先
　・精神的な支援の可否（定期的な訪問、電話、手紙のやりとり）
　・金銭的な支援の可否（家族構成、勤務先と収入、資産と負債）
　➡回答は任意、全部に回答しなくてよい

POINT

□「扶養照会」に対する回答は任意

□ 弟を支援することは
　強制されないし、罰則もなし！

私の家族構成や勤務先、収入、ローン、支援できない場合は理由を書く欄が……。回答するのは抵抗があります。

きょうだいの扶養義務は強制ではありませんし、**回答が任意**とはいえ、扶養照会にはプライバシーへの問題を感じます。
そもそも、**生活保護を受けることは、弟さんの権利**（生存権）です。あなたの**照会の回答がなくても、生活保護は受けられます**。

手続きとしての意味がほぼないのに…。突然、役所から手紙が届いて、パートナーも驚いてしまい、困りました。

扶養照会は受ける側の負担と回答率の低さに加え、生活保護の申請を家族に知られたくないと申請を迷う理由の一つにもなっていることから、照会は限定的にするようにルールが改正されました（Q39参照）。

28

兄のお金のトラブルや他人に迷惑をかけたりするのが心配 私も責任を負うのですか？

障害のある兄のお金のトラブルや、物を壊したり、ケガをさせたりして他人に迷惑をかけてしまうことが心配です。起こってほしくないですが、きょうだいの私も責任を負うのですか？

答えは NO です。保証人になっていなければ、自分以外の人の代わりに借金や賠償金を支払う法律上の責任は負わない、が基本的な考え方です（Q32 参照）。障害の有無に関わらず、**本人が責任を負うのが原則**です。

保証人の種類と責任

1 保証人
本人が借金を返さない、お金を払わない場合に支払う

2 連帯保証人
本人と同等の立場で、借金を返す、お金を支払う（保証人より重い責任）

3 身元保証人
本人による損害を賠償する
上限額の定めあり、期間は 3 年。期間の定めがない場合も最長 5 年

4 障害者向けの賠償責任保険
物を壊してしまったり、他人にケガをさせた場合の損害の賠償に備えて保険に入ることができる

> **POINT**
> □ 保証人でなければ法律上の責任はない
> 本人が責任を負うのが原則
> □ 家族の肩代わりには疑問も……
> 保険に入ることもできる

なるほど。ホッとしました。保証人になるのは避けたいです。**障害者向けの保険**もあるそうですね（左ページ**4**）。

でも、兄が支払えなくて保険もない場合、家族に法的な責任はなくても、どう対応するか迫られそうです。

はい。障害の有無に関わらず、そのような場合はあります。家族の対応はさまざまです。**借金や賠償金を肩代わりしようとする家族もいれば、一切関わらない判断をする家族もいます**。経緯、金額、家族の事情などにもよります。

悩ましいです…。

私は**原則として、「家族が代わりに支払うべきではない」**と思います。まず、借金は、家族が肩代わりをしても、多くの場合、借金を繰り返して、根本的な解決になりません。

事故・事件の場合は、家族の意向に左右されずに、保険や国の制度によって、被害者に賠償が確実になされることが必要だと思います。

29 障害のある弟が親のカードを使ってゲームに多額の課金
返金してもらえますか？

障害のある弟（成人）がスマホでゲームに課金して、親に数万円の請求が来て驚いています。課金するときは親に頼んでいたのですが、親のクレジットカードの登録がそのままだったのを「ラッキー♪」と思ってしまったようです。

まず、**返金交渉については市区町村の消費生活センター**に相談してみてください。カード会社とゲーム会社などに障害者手帳や診断書を示して交渉することになります。

返金交渉

■1 カード会社

・代金をカード会社が立替払いした後、名義人に請求する仕組み

・カードを名義人以外が使うのは契約違反

➡家族や同居人などの不正利用は、カードの名義人が支払わなければいけないのが原則（カードの管理責任に落ち度あり）

■2 ゲーム会社（課金の支払先の会社の場合も）

・未成年の場合は親権者による契約取消し

・成年後見の場合は、成年後見人などによる契約取消し

・意思無能力（7〜10歳以下の判断力）は契約無効

➡これら以外の場合は、業者が任意に応じるかどうかによる

※課金の明細やゲームアカウントなどは保存して相談に持参

POINT

☐ **まずは消費生活センターに相談**

☐ **親やきょうだいに支払い義務なし！
成人なら本人が払うのが原則**

クレジットカードは、親にはカードの名義人としての管理責任があるので、親が支払わなくてはならないのが原則です。

ゲーム会社に対して、法律上、返金を請求できるのは、弟さんが未成年や成年後見人がいる場合で契約の取消しがされた場合。または、弟さんが意思無能力（7〜10歳以下の判断力、障害の内容や程度で個別判断）で契約無効の場合です。

弟は成人していて、成年後見人はいません。7歳〜10歳の判断力かは、判断が難しいところだと思います。

意思無能力に当たらない場合は、会社が返金に任意で応じるかになります。もし返金されない場合、法律上は、ゲームで遊んで課金した弟さんに支払う義務があるので、弟さんは親がカードで払ったお金を親に返す必要があります。

😵 親と弟を連れて、消費生活センターに相談に行きました。返金交渉は難航しています。親は弟にではなく、私に状況報告やグチを言ってきてモヤモヤします。私が弟に説明していますが、弟も自分の行動に責任を取れないと成長しません！

👩 同感です。**きょうだいとして対等な視点**があるからこそその大事な指摘だと思います。

😵 最終的に返金されない場合は、弟が親にお金を返すべきです。作業所で働いたお金や障害年金、貯金などがあります。

👩 はい。**弟さんには、ひとりの成人としての責任**があります。「障害があるからしかたない」「家族だからいい」ではありません。**弟さんなりに理解して、自分で遊んだゲームの課金をきちんと支払うことが、**経験と学びになることはもちろん、**再発防止**につながります。

再発防止策

１ 親の管理（他律）：自動ブレーキ
・ペアレンタルコントロール（アプリや課金の制限）
・クレジットカードの管理や明細の確認
・この件だけから成年後見の利用は慎重に

２ 本人自身による管理（自律的）：目覚まし時計
・自分で課金を支払う、課金の制限や上限額を機能設定する
・課金額や遊ぶ時間のルールを決める
・課金額を常に確認。遊んだ時間を確認できるアプリの利用

再発防止策ですが、親が「課金は絶対ダメ！」と課金できない設定にしてしまうと、弟さんは失敗せずに守られますが、自分でお金の管理や使い方を練習して学ぶ機会を失ってしまいます。**守ることと奪うことは紙一重**なので、**何が本当の意味で弟さんのためになるのか**を考えることが望ましいです。

親は「もうゲームも課金も絶対させない！」と弟にスマホを使わせなくしてしまいました……。「この機会に、成年後見人も付けよう！」とも言っていますが、私が、成年後見人について調べた範囲では、様子を見る必要があると思います。

成年後見人がいれば、このような場合に契約を取消して返金してもらえますが（ただし、金額が小さい場合は「日用品の購入」「日常生活に関する行為」として取消しできない場合もあり）、私も**今回のことだけで成年後見人を付けるのは慎重に**と思います。成年後見人が必要かどうかは、メリット・デメリットを踏まえて慎重に検討するべきです（Q23、43）。

はい。でも、私がいろいろ言っても親は通じなくて……。

消費生活センターの相談員の方から親と弟さんに説明してもらい、一緒に考えていけるとよいですね。

そうですね。私からではなく、**家族以外の人から言ってもらった方が効果的だ**と思います。

30 親が弟の将来を不安に思って 霊感商法にお金を出していた！

親が「このブレスレットで息子さんの障害がよくなる。家族が幸せになれる」と言われて10万円も支払ってしまいました。宗教関係のようで、**親身に話を聞いてもらって断れなかった**ようです。今後、金額がエスカレートしていくのが心配です。

まず、**経緯などの情報を集めて記録**してください。相手とのメールなどの証拠も保管します。**本人には「心配しているから話を聞かせて」という態度**で接することが大切です。国が開設した、法テラスの「霊感商法等対応ダイヤル」に相談できます。

霊感商法にあったときは

■1 法テラス「霊感商法等対応ダイヤル」（電話・メール）
霊感商法、お金、心、家族、虐待、修学、就労、生活困窮
相談窓口を案内、未成年、宗教2世・3世も利用可能

■2 消費者契約法
霊感等による告知を用いた勧誘に対する取消権の拡大（改正）
クーリング・オフは、訪問販売など。8日間などの一定期間、無条件に契約解除できる

■3 法人等による寄附の不当な勧誘の防止等に関する法律（新法）
霊感等による知見を用いた告知に困惑して行った寄附の取消し

■4 宗教の信仰等に関係する児童虐待等への対応に関するQ&A
国が作成。宗教の強制や結婚・進学の制限などの虐待事例と支援

☐ 法テラス「霊感商法等対応ダイヤル」に電話やメールで相談を

☐ 宗教を信じること、お金を使うことは本人の権利だが、不利益からの保護が必要

どうして買ったの?

😲 親に強く言い過ぎると、隠れて宗教関係の集まりに参加したり、大金を使うようになってしまうのが心配です。

🧓 本来、信教の自由があり、宗教を信じるか、やめるか、自分のお金を何に使うかは自由が原則ですが、霊感商法や不安を助長して多額に寄付をさせるなどの場合は、不当な不利益を受けないように保護が必要です。また、本人の気持ちへの配慮が必要です。

😲 まずは親の話を聞かないとですね。おそらく障害のある弟の将来のことだと思いますが、悩みや不安、ストレスの根本は何か、その適切な解決、解消方法を考えていく必要がありますね。

🧓 コミュニケーションは大きな歯止めになると思います。また、あなたも悩みを一人や家族だけで抱え込まないよう注意してください。

31 警察から電話！ 障害のある兄が人を突き飛ばして逮捕
私はどうすればいいですか？

警察から、実家の親に「パニックを起こして、高齢者を突き飛ばしてケガをさせてしまった。お兄さんを逮捕した」と連絡がありました。

すぐに弁護士に相談してください。また、関わっている支援者がいれば連絡してください。家族や支援者ができる限り早く本人、警察の担当者と面会しましょう。

犯罪を犯した場合（刑事事件）

※相手の方への治療費、慰謝料の支払いなどの損害賠償責任（民事）は Q32 を参照。

１弁護士
- 当番弁護士（逮捕の際、1回無料で面会）、弁護士会に連絡
  - ➡障害者弁護の担当弁護士がいる場合も
- 国選弁護人（国の費用）、私選弁護人（自費）
  - ➡刑事弁護のなかで相手と連絡や示談交渉も

２捜査手続き
- 警察での身柄拘束は、逮捕は 72 時間（3 日）、勾留は最大 20 日
  この最大 23 日間で裁判を起訴するか、しないかを検察官が判断
  家族の面会は 15 分ほどまで、衣類や手紙の差し入れ

３地域生活定着支援センター
　犯罪を犯した人の福祉サービスの利用調整等を行う

４医療観察制度
　重大な他害行為を行ったが、障害により責任能力がないとされた場合に入院・通院で治療を行う制度

☑ すぐに弁護士と支援者に相談する
　地域生活定着支援センターの支援も

☑ 家族には法的な責任はない。謝罪、
　示談金の準備、裁判への協力は任意

きょうだいや家族にはどのような責任がありますか。

家族には法的責任はありません。 警察や弁護士などからの事情聴取の際に、**協力するかは任意**ですが、相手への**謝罪や示談金の準備、裁判で本人を支援していくと話す**（情状証人）、などへの意向の確認があります。

できることはしたいと思いますが、裁判で支援していくと話せるほどの気持ちは兄に対してもてないかもしれません……。

裁判所や弁護士としては、家族が裁判に来てくれるだけで安心する部分があるのですが、協力はあくまでも任意です。

地域生活定着支援センターなどが関わり、単に刑罰を受けるのではなく、原因を解明したうえで適切な**福祉支援**を受けることが再犯防止からも必要です。なお、**障害により責任能力がない**と判断され、**医療観察**として入院・通院で治療を受ける場合もあります。

あの!!
警察から電話で
兄が……

○○県
弁護士会
です!

32

障害のある兄がケガをさせた 相手が骨折していた

私が賠償するのですか？

実家の兄が突き飛ばした方が足を骨折していたそうです。兄に貯金はありません。治療費や慰謝料などは親や私が支払うのでしょうか。

家族が賠償する責任は原則ありません。参考裁判例は、知的・精神障害がある40代の男性が知人を階段で突き飛ばして死なせてしまった事例について、**同居の高齢の親の責任を否定**しています。裁判所は、「男性が両親以外に暴力をふるったことは10代の時から20年以上ない」「70代の高齢の両親では体力差から監督が難しい」などの事情から、**両親の監督義務と責任を否定**しました。

障害のある人による事故などの賠償責任

1 家族の責任が問われる場合（責任無能力者の監督義務等の責任）

・監督義務を引き受けたとみるべき特段の事情があるか
　①家族の生活と心身の状況
　②同居、日常的な接触の程度など関わりの実情
　③障害者の心身の状況や問題行動の有無と内容
　④対応して行われている監護や介護の実態
　➡現に監督していたか、監督が可能かつ容易か
　➡公平の点から、その人に責任を問うのが相当といえるか

2 障害のある人向けの賠償責任保険

・パニックで他人をケガさせた、物を壊してしまった際の賠償

☐ 家族には賠償責任は原則なしだが、責任を負う可能性はゼロではない

☐ このような場合の備えには障害者向けの賠償責任保険もある

実家はその裁判例に近い状況なのでひとまず安心しました。でも、日頃から他人に暴力をふるっていたり、**親が高齢でない場合は責任を問われる**のでしょうか。

90代の認知症の男性が線路に入り、鉄道会社から損害賠償を求められた事案でも、判例は、高齢の妻、別居の長男の責任は否定しましたが、長男が同居していた場合は責任を負う判断になった可能性があります。**家族が責任を負わされる可能性があるのは疑問です。**

高齢の親も、別居の私も、法的な責任はないとしても、**相手の方とご家族に申し訳ない**です……。少額でも気持ちとしてお支払いさせていただくか悩みます。

障害者家族が重い責任を負うのはおかしいですが、**被害が賠償されないのも理不尽**です。根本的な解決には、**障害者向けの賠償責任保険**に入る、**国・自治体が救済する制度を作る必要**があります。

33 弟がアイドルなりすまし詐欺に遭ってしまいました！お金を取り返せますか？

弟が、「アイドルの××ちゃんがキミとお友達になりたいと言っている」という詐欺のサイトに誘導され、メール1通500円が重なり、合計で2万円を弟のお給料から払ってしまいました。お金は取り返せますか？

詐欺に遭ってしまったお金の返金は残念ながら難しいです。**取り返そうとして、別の詐欺に遭う危険**（詐欺からの被害回収のプロをうたう業者もいます）にも注意してください。

再発防止策としては、被害に傷ついている弟さんを**責めずに、「次からはお金を払う前に相談がほしいな」とやさしく伝え**、日常的なお金の管理、見守りへの支援を検討していきたいですね。

障害のある人が詐欺に遭ってしまったら？

■1 詐欺被害の相談先
- 市区町村の消費生活センター、警察、法テラス、弁護士会

■2 再発防止策（日常的な金銭管理への支援・見守り）
- 社会福祉協議会の日常生活自立支援事業や施設の金銭管理サービスの利用（Q43）
- 行政・福祉の担当者、民生委員、商店街、近隣の方の見守り
- 詐欺にお金を払ってしまうと返金は困難（相手はお金を持ってどこかに消えてしまっている）
- 今回の件だけで成年後見人を付けるのは慎重に（Q43）

☐ 取り返そうとすると
新たな詐欺に遭う危険性がある

☐ お金の使い方は
弟とルールを決めよう

弟が自分で決めて納得した形で、たとえば、①1万円以上の**大きな金額を一度に持たない**、②**お金を払う前に〇〇**（人、場所）**に相談す**る、などの**ルールを決める**ことですかね……。

同感です。本来、弟さんが働いて得たお金は弟さんの自由。**大きな損害にならないように見守りは必要**ですが、**失敗は成長につながり**ます。いつでも相談できる関係の人がいることが大事ですね。

はい。弟には、「ダマされる側にも、ダマす側の手先にもならないように」と願うばかりです。きょうだいの私も、（**きょうだいだから面倒みろ！ ではなく、自分にできる、したいと思える範囲で**）**弟を見守っていきたい**と思います。

34

もうかかわりたくない。親子や兄弟姉妹の縁を切る方法はあるのでしょうか？

非常に悩み続けましたが、親と障害のある兄には、もう一切関わらないで生きていきたいです。家族の縁を切りたいのですが、**「離婚」のような制度**はあるのでしょうか。

答えは NO です。法律上、血縁関係にある親子、兄弟姉妹の縁を切る制度はありません。しかし、家族や役所、施設、病院から連絡が来ても、対応しなければいけない義務はありません。**あなたの心は自由**です。

連絡、住民票や戸籍についての検討事項

1 電話、メール、LINE など
- 一切連絡を受けたくない場合は、着信拒否やブロック
- 連絡はある程度とりたい、とったほうがよいと考える場合、ルール（例：電話は 3 分まで、返信は必要最低限）を決めて対応する

2 緊急連絡先
- 家族があなたの携帯番号を書いて連絡が来た時は、担当者に説明　連絡を受けたくない、緊急時は連絡がほしいなど意向を伝える
- あなたが自分の緊急連絡先に実家を書くかは、自分の意思で判断

3 住民票閲覧制限（支援措置）
- 家族に新住所を知られないよう、住民票などを見られなくする
- 警察または児童相談所などに、申出書に「支援の必要性あり」の意見を記入してもらい、役所に提出。住民票を実家住所から移さない選択もある

4 分籍（Q35 参照）

> **POINT**

☐ 法律で縁を切る制度はない

☐ 家族との連絡を絶てば、 縁を切ったのとほぼ同様

家族が、私の携帯番号を「**緊急連絡先**」に書いて、ある日突然連絡が来て対応を迫られるのかと不安でしたが、ホッとしました。

役所などの担当者には、あなたの意向を「連絡はしないでほしい」「家族には関わりたくないけれど、役所などからの緊急時の連絡はほしい」など、差し支えない範囲で伝えておくのはお互いのためになります。意向は状況によって変更もできます。「縁を切る」と言っても、0と100ではなく間があると思います（家族との連絡も全くしない人もいれば、そうでない人もいます）。

担当者の方は、さまざまな家族に対応していて慣れていそうですね。でも、こちらは、役所などから急に連絡があったら、驚いて動揺してしまうので、少し心配です。

役所などから連絡があった場合の心の準備になるように、どんな連絡があるのか、例を説明します。対応しなければいけない義務はありません。協力するか断るかは、その都度、自分の意思と状況で決めることができます。自分の時間、体力、気持ち的に無理をする必要はありません。「これはできない」「難しい」とはっきり言うのも必要です。断る場合は、基本的に「（連絡のあった）役所、施設、病院に委ねる」ことになります。

行政、施設、病院からの連絡（例）

1 行政
- 生活保護の扶養照会の問い合わせ（Q27、39）
- 成年後見人申立ての意思確認（Q23 市区町村長申立て、43）

2 施設、病院
- 入所や入院の連絡、緊急連絡先や身元保証人（Q48）の意向確認
- 治療や手術の説明と同意

3 死亡時
- 遺体・遺骨の引取り
  ➡引取りがない場合、市区町村の費用で火葬（埋葬）
- 部屋の片付け、原状回復、遺品の引取り
  ➡相続した場合は義務がある／相続放棄をすれば義務はない
  賃貸住宅は、孤独死保険（原状回復費用など）に入っている場合も

4 相続・相続放棄（参考）
- 相続する場合はプラスもマイナスも相続する
- 相続放棄は死亡を知った時から3か月以内に裁判所に書類提出
  特に、マイナスのほうが多い場合は相続放棄の検討を

法律上、家族（親子、兄弟姉妹）として、最後に残るのが相続です。相続放棄は死亡を知ってから3か月以内です。特にマイナスの財産が多い場合は、放棄の検討が必要です。プラスの財産が多い場合は、あなたの権利なので、検討した上で財産を取得するのも一つの選択です。

これから起こることのイメージがもてました。その都度、判断していこうと思います。

私はもうすぐ**実家を出る予定**です。**新しい住所を家族に知られたくないのですが……**。

まず、法律的には住所を伝える義務はないので、あなたの判断です（参考までに、県や市までは伝えることで家族が安心して詮索されないケースもあります）。制度としては、家族があなたの住民票などを見られないようにする閲覧制限があります（支援措置、住民票を実家住所から移さない選択も）。必要に応じて検討してください。

そのような制度もあるのですね。

はい。さまざまな家族に制度も対応しようとしています。役所などの担当者や支援者の方々も、家族の事情に理解のある方が増えていると感じます。

35

実家の戸籍から出て、自分の戸籍を別に作る制度がある!?

「分籍」について知りたい

親子や兄弟姉妹の縁を法的に切る方法はないことはわかりました (Q34参照)。自分の戸籍を作ることができる「分籍」という制度があるそうですが、どんな制度ですか?

はい。分籍は親の戸籍に入っている未婚の成人が、親の戸籍から抜けて、独立した自分の戸籍を作ることです。

なお、結婚する場合も、親の戸籍から抜けます。自分と配偶者との戸籍になります (親の戸籍から出た後は、元の戸籍には戻れません)。

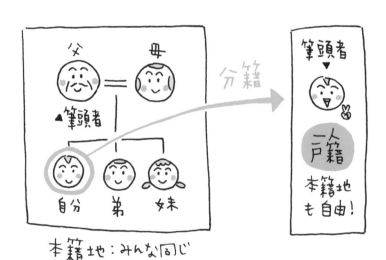

POINT

- ☐ 分籍は自分の独立した戸籍を作ることができる制度

- ☐ 方法は簡単な書類に記入するだけ費用（手数料）は数百円

分籍の方法

現在の本籍地または住所地、新しい本籍地の役所で手続きする

- ・分籍届（役所でもらえる）
- ・戸籍全部事項証明書（戸籍謄本1通）
- ・身分証明書
- ・印鑑

※同一市区町村内での分籍の場合、戸籍は不要です。

分籍届の見本がインターネット上にありますが、記入するのは、自分の名前、生年月日、住所、本籍、新しい本籍、父母の氏名、続柄（長男など）、そして署名押印だけ。**簡単な書類**ですね。**費用も手数料の数百円のみ**。この「分籍」にはどんな意味があるのですか？

まず、親の戸籍から出て、自分の独立した戸籍を新しい本籍地（日本国内であれば自由に決められる）に作ること自体に宣言的な意味があると思います（法的に家族関係を解消するものではありませんが）。親に分籍したことを伝えるかどうかは自分の判断ですが、親の戸籍には「除籍（戸籍から抜けること）」「分籍」と記載されるため、親が戸籍を取ったときにはわかります。また、分籍後に結婚等をした場合は分籍後の自分の戸籍だけに記載され、親の戸籍には記載されません。

36

妹との生活が限界で虐待的な行動をしてしまいます

心中も考えます……。助けて！

障害のある妹と2人の生活は限界です。虐待的なことをしてしまったり、生活も苦しくて心中も考えます。取り返しがつかなくなる前に、役所に助けを求めたいですが、非難されそうで怖いです。

法律も役所も、妹さんもあなたも助かる道を選ぼうとされていること、**両方を守ることが必要**だと理解しています。

障害者虐待防止法（障害者虐待の防止、障害者の養護者に対する支援等に関する法律）は、その名前のとおり、家族（養護者）を非難するのではなく、支援する法律です。

1 障害者への虐待の相談・通報義務

・身体的、性的、心理的、経済的虐待、放棄・放任（ネグレクト）
 →発見したら市区町村の役所の窓口に通報義務（電話など）
・虐待と思われる、虐待的なことをしてしまうのが心配な場合の相談も

2 事実確認、訪問調査

3 障害者、家族（養護者）への支援

・負担を軽くする（福祉サービスの利用、短期入所、施設入所）
・お金の問題、家族自身の病気の治療への支援
・心の問題・家族関係の相談（カウンセリング、家族会への参加）
・障害や介護についての正確な知識や情報、技術

POINT

☐ 虐待防止法は
家族を支援する法律でもある

☐ 妹さんと自分を守るため、
役所や弁護士に相談を

法 律
お 金
人 生
家 族
福 祉
トラブル

 虐待は通報義務がありますし、勇気を出して役所に相談します。私は限界なので、「妹には施設に入ってもらいたい」というのは、妹から逃げることでしょうか？

妹さんが、**福祉の支援を受けて生きていくのは、妹さんの生存権**です。
裁判所は、兄が障害のある妹を殺害してしまった心中未遂の事件で、「妹は兄がいなくても福祉的な支援を受けて生きていけた」「兄なしで妹が生きていけない、というのは兄の思い込み」だという考え方を示しました。

思い込み……。その兄妹を助けず、**追い詰めたのは周囲や社会**ですよね。ただ、そう言われてホッとする気持ちもあります。

1人で、家族だけでどうにか頑張っている方、悩んでいる方は多いです。**助けを求めるのは、逃げではなく、自分自身と妹さんの2人を守ること**だと法律は考えます。弁護士などの助言や同行を希望する場合は、**弁護士会や法テラスに相談**してください。

37

障害のある兄から
暴言・暴力があります
警察に通報してもいい？

障害のある兄は、機嫌が悪くなると親や私のことを怒鳴ったり、物に当たります。暴力を振るうこともあります。

あなた自身を守ることが第一です。**まず家の中でも外でも逃げてください。逃げられない場合は 110 番通報で警察を呼んでください。**市区町村で**一時避難できる場所**を提供している場合もあります。暴言・暴力は、いつどのような内容があったか記録し、できれば証拠として録音・録画しましょう。ケガをした場合は写真に撮り、できれば医師の診断書を取りましょう。

暴力を受けたとき逃げる方法

1 警察

緊急時は 110 番通報、警察署・交番に駆け込む

➡警察から **2 3** の相談先へ紹介も

2 暴力から逃れるための相談先（自分について）

・福祉事務所、児童相談所

・性犯罪・性暴力被害者のためのワンストップ支援センター

3 医療・福祉制度への相談先（兄弟姉妹について）

基幹相談支援センター、保健所、精神保健福祉センター

□ **あなたはまず逃げて！ 自分を守って！**
通報や相談に罪悪感を持たなくていい！

□ **障害のある兄が医療や福祉と**
つながるきっかけにもなる

警察に通報するのは、**兄も苦しんでいるのに悪いという気持ちや刺激してしまうのではという不安**があります。でも、もうつらくて限界です。

とにかく自分を守ってください。暴力は許されません。**あなたが勇気を出して、警察や相談先に助けを求めることは、お兄さんも**医療や福祉の支援**につながるきっかけになります。**

暴力は、第三者にはほとんど向かず、家族に向かう場合が多いようです。お兄さんが家族と適切な距離をとるためには、別に生活していくことも一つの方法です。お兄さんは、適切な医療や心理カウンセリングを受け、生活や経済面での家族からの自立をすることが望ましいです。グループホームでの共同生活、福祉サービスや訪問看護を受けながらの一人暮らし、生活保護や障害年金の受給などを考えていくことが必要です。

38

親や兄の暴言・暴力から逃げて新しく自分の人生を生きたい！ 私は支援を受けられますか？

親や兄の暴言・暴力にはもう限界です！ 実家から逃げて**新しく自分の人生を生きたい**です。親族や友人には事情を言えません。公的な支援で住むところやお金のことを助けてもらえますか。

福祉事務所に相談しましょう。未成年の場合は児童相談所です。あなたに入る意思があれば、緊急にそのままシェルターなどに入れる場合も。**貴重品や身分証明書などはできるだけ持っていきましょう。当面の衣食住などのお金や医療は生活保護で受けられます。**安心できる場所で心身を回復させ、これからを考えましょう。

暴言・暴力から逃げるとき

１行政への相談
・福祉事務所、児童相談所

２緊急の保護（短期）
・公的シェルター、児童相談所の一時保護
・民間シェルター

３新しい生活への準備（中長期、通勤・通学可能）
・女性自立支援施設（女性、食事と支援、無料）
・自立援助ホーム（15〜22歳、食事と支援、利用料は月3万円ほどを支払う、自立に向けて貯金するなどのルールあり）
・宿所提供施設（生活保護、食事や支援はなし、3か月まで）

４新しいスタート
・一人暮らし、寮のある就職先など

POINT

☐ 緊急の場合はシェルターなどで保護
　心身を回復させ、新しい生活への準備

☐ 未成年は
　児童相談所へ駆け込んで

シェルターの場所は安全を守るために秘密と聞いたことがあります。公的シェルターは連絡や外出の制限があり、民間シェルターは自由な施設もあるらしいですね。

はい。**公的シェルターや児童相談所では命の危険からの保護が優先**されます。民間シェルターは柔軟に受け入れてもらえる傾向にあります。それぞれの生活のルールは守ってください。

まずは心身の回復からですが、心理ケアやアドバイスを受けながら、自立に向けて就職先と住む場所を探したり、家事を習ったりしたいです。

応援しています。心身のためには、規則正しい食事と睡眠、身体を動かす、話す（自分で抱え込まずに支援者に相談、おしゃべりする）など、楽しめる時間を大事にしていきたいですね。

39 生活保護を申請しようと思っているけれど、扶養照会で家族に連絡されたくない！

生活保護を受けたいのですが、実家に扶養照会の連絡をされたくなくて申請を迷っています。

2021年に生活保護の実務マニュアルが一部改正され、「著しい関係不良」「音信不通」などと判断された場合は家族に扶養照会を行わないことになりました。

家族に扶養照会をしない場合（扶養義務の履行が期待できない者）

■1 生活保護を受けている人、施設に入所している人など
・長期入院の患者、働いていない人
・未成年者、おおむね70歳以上の高齢者

■2 生活歴から特別な事情がある場合など
・著しい関係不良
・借金や相続をめぐる対立
・絶縁、一定期間の音信不通（たとえば10年程度）

■3 本人の自立を阻害する場合（暴力や虐待）
・家族による暴力や虐待から逃れてきた場合

資料：『生活保護手帳別冊問答集 2023年度版』中央法規出版、2023年より

☐ 連絡されたくない理由を
説明すれば大丈夫（著しい関係不良など）

☐ 家族の支援が期待できない場合は
「連絡しない」のがルールに

マニュアルには、「家族への扶養照会を拒んでいる場合は、その理由について特に丁寧に聞き取りを行って検討する」、という対応方針が新たに示されました。また、「扶養照会をするのは、支援を期待できると判断される者に限る」とされました。

実家の家族とは、10年近く音信不通です。弟は障害がありますし、親に生活の余裕もないので、私を支援することはできません。家族に扶養照会されることで、私が**住んでいる市町村や、生活保護を受けることを知られたくない**です。それが理由で、生活保護を受けるかどうか迷っていましたが、安心しました。

生活保護を受けることは、あなたの大事な権利（生存権）です。
家族に扶養照会されたくない理由、家族から支援が期待できない状況を左ページの基準を参考に**丁寧に説明**するようにしてください。
同行支援をしてくれる団体もあります。

40

今は家族みんな元気ですが、いつまでもこのままではない……親亡きあとの弟が心配です

親はまだ元気ですが、いなくなってしまったあとが不安です。

私も不安です。 まだ経験していない世界です。

私の場合は、**きょうだい会の先輩などの体験談**を聞いていくなかで、**具体的なイメージ**をもつことができ、「**多くの人が経験していてどうにかなる**」「**自分の意思や状況で、できる、したいと思う範囲で関わればいい**」ということがわかり、安心感が生まれました。

きょうだいと親亡きあとのイメージ（例）

両親の高齢化

- 親の終活が少しずつ始まる。実家は両親と弟の3人で生活
- 障害のある弟のこと、親のことを引き継ぎ始める
  ➡生活状況、医療、福祉サービス、担当者の連絡先は緊急時のために必須

母の病気・入院・看取り

- 親の延命治療や葬儀の意向、財産や遺言のこと
- 主に世話をしていた母の入院を機に弟がグループホームに入居、父は実家で一人暮らしに

父の介護・施設入所・看取り

- 介護サービスの利用、介護施設への入居、実家の売却

両親がいなくなったあと（親亡きあと）

自分がいなくなったあと（きょうだい亡きあと）

POINT

□ 親が元気なうちに
弟さんの自立の準備を

□ きょうだいはできる範囲、
したいと思う範囲で関わればいい

少し安心しました。きょうだいは親のような関わり方はできませんが、どのような関わり方をしているのですか。

同居していて毎日関わる人もいれば、兄弟姉妹が入所していて、週1回から月1回の面会、一時帰宅や食事をする、お正月やお盆を一緒に過ごす、年1回から数年に1回しか会わない、関わっていないという人もいます。

関係性や状況によってさまざまですよね。

親亡きあとの準備の本質は、**障害のある兄弟姉妹が、親やきょうだいなどの家族以外の人から支援を受けて、安心して生活できる環境をどのように準備していくか、互いにそれぞれの人生を進んでいけるか**、だと思います。

先輩きょうだいが、「うちの弟は、うるさい兄貴よりも支援者さんのことを頼りにしている。それが**弟にとっての家族からの自立。もう自分がいなくても大丈夫**だと思えて嬉しかった」と話してくれたのが私には印象的でした。

あなたの
人生をね…!!

私も「自分がいなくても大丈夫」という声に共感します。ところで、グループホームなどの施設には希望すればスムーズに入れるのでしょうか。

うーん……。それはそれぞれです。世話を担っていた母親の病気や入院でグループホームなどに入ることになる例は多いです。また、1泊2日〜数日間の**ショートステイ**（短期入所）で慣れて、計画的にグループホームに移行した例もあります。共同生活が合わず、一人暮らし（訪問サービスを利用）がうまくいった例もあります。

お金は**障害年金**などだけで賄えるのですか。

はい。生活費は**障害年金**や**生活保護**から支払われるので、きょうだいが負担する心配はありません。全国きょうだいの会が実施したアンケートでも、経済的負担は「ほぼなし」が70％、「年1万円以内」が11％でした（Q1参照）。

福祉の支援を全く受けていなかったため、親が突然亡くなったあとに、きょうだいが、障害者手帳の取得から障害福祉サービスの利用申請（Q20）、障害年金の手続き、施設探しと入所手続きまでフルコースで全部行わざるを得なかった、という事例もいくつか聞いたことがあります。

緊急ショートステイ（Q46）を利用できても、初めての場所でパニックになったり、慣れるまで非常に大変だったという例もあります。

親が元気なうちに弟の自立に向けての準備を始めてもらうことが本当に大切ですね。うちの親は、何か考えたり準備をしているのでしょうか。親も高齢になってきて心配です。なかなか聞きづらいですが、大事なことなので、親に少しずつ聞いてみようと思います。

最低限の衣食住やお金については国の福祉制度からの支援があります。支援者もいます。成年後見人を付けることもあります。

家族やきょうだいしかできないのは、**家族として関わること、支援者などに対してあなたが知る弟さんがどのような人なのか、生育歴、家族歴を伝えること、医療同意など**です。

そのうえで、きょうだいとしてあなたが弟さんとどのように関わっていくかは、**あなたの意思と状況でできる範囲、したい範囲で選択**していくことになります。

41 親亡きあとの準備について親と話し合いたい

どうやって切り出せば……？

親亡きあとの準備について、どうやって切り出せばいいでしょうか？これは確認が必要！ ということも知りたいです。

「この本を読んだのだけど、話したくて……」などという切り出し方はどうでしょうか。話しやすいほうの親からでよいと思います。内容的に**確認が必要で切り出しやすいのは、親に何かあった場合に、障害のある兄弟姉妹のことを相談できる担当者や連絡先**だと思います。

親に確認・相談すること（より詳しいリストはP.126、127）

1 親のこと
- 現在の状況、健康、お金の収支
- 病気、介護、看取り、葬儀の意向と費用
- 財産、重要書類などの置き場所

2 障害のある兄弟姉妹のこと
- 現在の状況、福祉サービス、お金の収支
- 緊急時に相談できる担当者、連絡先
- 親が行っているサポートの内容
- 将来の生活場所、行政や支援者の関わり、成年後見人のこと

3 ほかのきょうだいもいる場合の情報共有（1 2について）
- 1 2の情報の共有とそれぞれの生活状況や意向の確認、役割分担の相談

POINT

☐ 確認・相談することのリストを作成。緊急時の担当者の連絡先はまず確認

☐ 財産について判断する権限は親自身に。話してもらえる信頼関係を作る

友人は、親亡きあとや財産のことを話そうとしたら、親が怒ってしまったそうです。

状況や関係性を見極めて判断することと、親の意思や希望を聞いて一緒に考えながら協力する姿勢を示すことが必要です。「親亡きあとの準備は親の責任でしょ！」という態度は逆効果です。特に、親の死や財産のことはセンシティブな内容で、親に判断する権利やあなたに話すかどうかを決める権利があるので、親に自分の考えや希望を**話してもらえる信頼関係が必要**です。

いきなり直球で親亡きあとや財産の話ではなく、日頃から関係をもって、「具合はどう？」と体調を気遣ったり、近況や趣味の雑談など、コミュニケーションを重ねることが大切ですね。

親に確認・相談すること（詳細版）

1 親のこと

①現在の状況

　生活状況（困りごと含む）

　健康状況、通院や服薬

　趣味・嗜好、友人・地域のつながり、親の会

②介護・医療のこと

　親の希望、在宅サービスや施設への意向、延命治療

③財産・相続のこと

　預貯金、不動産、株式、保険、借入、年金

　インターネット銀行なども

④葬儀などのこと

　危篤や訃報を伝えてほしい人

　葬儀や法事、お墓などの希望

2 障害のある兄弟姉妹のこと

①現在の状況

・障害者手帳、障害福祉サービス受給者証、年金手帳など

・生活状況、通院や服薬、収支

・利用施設、サービス事業者、役所、病院などの担当者の連絡先

②親が行っているサポートの内容

・日々の生活（同居）、福祉サービスの手続や連絡、お金の管理

・病院の付添い、薬の管理、トラブル対応

③将来像のイメージ・それぞれの思いや希望

・兄弟姉妹の住む場所（実家、入所、一人暮らしなど）

・2 で引き継げる内容や関われる頻度、行政・支援者の関わり、成
　年後見人のこと

3 ほかのきょうだいのこと

生活、仕事、家族のこと

親と障害のある兄弟姉妹についての情報共有、役割分担の意向

相続についての意向

➡最終的には、遺産については親の意向

4 大事な書類などの場所（親、障害のある兄弟姉妹）

・健康保険証、病院の診察券
・障害者手帳、障害福祉サービス受給証、介護保険証、年金手帳
・預金通帳・カード（インターネット銀行など含む）、銀行印
・実印、印鑑証明カード
・不動産の権利証、生命保険証書
・金庫の開錠方法、貸金庫の存在

5 相続・遺言のこと

・基本的には相続分は兄弟姉妹平等
・自分が世話や介護をしていることへの配慮など（Q5）
・遺言を書いてもらえるか
　障害のある兄弟姉妹の判断能力によっては、相続手続上、遺言が
　あることが望ましい（Q42）

障害のある兄弟姉妹については、まず本人の意思の尊重が第一です。
親のサポートがなくなっても、必要な支援を受けながら、安心して
自分らしく生活していけるように、親やきょうだいだけでなく、**行
政や支援者を交えて考えていくことが大切**です。

また、**ほかのきょうだい**がいる場合は、親と障害のある兄弟姉妹の
現在の状況や将来の希望などの**情報共有と役割分担**についての意向
の確認や相談をすることが望ましいです。

全体像が見えてきました。このリストを参考に、親に確認・相談し
たいことをより具体的にして、親や障害のある姉、ほかのきょうだ
いと少しずつ話していきたいです。

42

弟に障害がある場合、親が遺言を書かないと手続きが大変!?
親に遺言を書いてもらうには？

弟に知的障害がありますが、親が遺言を書いておかないと、相続手続きが大変になる場合があると聞き心配です。

遺言と遺言執行者（遺言の内容を実現するための手続をする人）の指定がないと、弟さんの判断能力によっては相続手続で成年後見人が必要になる場合があります。

ただし、法律上、「遺言を書くかどうか」「そのような遺言内容にするか」は親が自分の自由な意思で決定することになっています。なので、親になぜ遺言を書く必要があるのか（相続手続や遺言の仕組み）と将来を心配するあなたの気持ちを説明して、理解してもらう必要があります。子どもから遺言の話が出ると、親が驚いたり困惑する場合もあるので注意してください。

> **POINT**

□ 遺言を書くとともに
遺言執行者の指定が必要

□ 遺言を書くかは親の自由
遺言の知識とあなたの気持ちの理解を

相続手続きと遺言の基本（Q5も参照）

１ 遺言と遺言執行者の指定が必要な理由

・遺言がない場合、遺産分割協議書や銀行の手続書類などには相続人全員の署名と実印が必要。障害のある兄弟姉妹の判断能力によっては成年後見人が必要になる場合も。

➡遺言と遺言執行者（遺言内容を実現するための手続をする人）の指定があれば、これらの手続が不要。障害のある兄弟姉妹の権利を守るために、法定相続分は取得する遺言が必要

２ 遺言の方法

・自筆証書遺言は、自分で書けるが、様式（遺言書全文、作成日、氏名は手書き、押印など）に注意。遺言の内容は必要であれば弁護士等に相談。法務局で遺言書保管制度あり（1通3900円）

・公正証書遺言が確実（公証センターで文章も作成、保管）費用は財産額によるが数万円。相談は無料

 遺言は、自分で書くこともできます（自筆証書遺言）。が、確実なのは、費用がかかりますが**公正証書遺言**です。

なるほど！ でも、まずは詳しい方法の前に、親に、**相続と遺言の基本知識と私の気持ちを知ってもらい、親自身に遺言を書くことを考えてもらう**ことですね。

はい。公証センターや弁護士などによる**遺言相談に一緒に行ってみる**のもよいと思います。

43

将来、弟の成年後見人になってほしいと言われた
そもそも成年後見人って？

親から、将来は弟の成年後見人になってほしいと言われましたが、どんなことをするのですか？

成年後見人は、裁判所から選任されます。**お金や財産の管理、福祉サービスや施設、入院の契約手続きや支払い、だまされてしまった場合などの契約の取消し**（財産の保護）、**継続的な見守り**などをします。**実際に介護などをするわけではありません。**

1 法定後見制度

- 知的、精神障害や認知症の程度に応じて3種類
  ➡①補助、②保佐、③後見
- 本人の保護と意思の尊重のために、財産管理と身上保護を行う
- 本人、親族、市町村長が裁判所に申し立て
  後見人は裁判所が決定
- 親族や専門職（弁護士、司法書士、社会福祉士など）がなる

2 任意後見制度

- 認知症や障害に備えて自分が選んだ人と契約（公正証書）

3 成年後見以外の制度など（成年後見と併用する場合も）

- 社会福祉協議会の日常生活自立支援事業、施設の金銭管理サービスは、本人が行うお金の管理や手続きをサポート
- 信託は、親が銀行や信頼できる親族に財産（遺産）を託し、障害のある子に毎月〇万円などと決めて渡す仕組み

☐ 成年後見人は財産の管理や
福祉サービスの契約、見守りをする

☐ 専門職に頼むと
報酬を払う必要がある

＼ 後見人を付けるきっかけ 多い順 ／

No.1 預貯金の管理・解約

No.2 身上保護・介護保険契約

No.3 不動産の処分

最高裁判所によると、後見のきっかけは、多い順に「預貯金等の管理・解約」「身上保護」「介護保険契約」「不動産の処分」「相続手続き」なのですね。
弟のお金や福祉サービスのことは親がしています。**いつ後見人が必要になるのか判断が難しい**です。

はい。特に注意が必要なのは、後見は一度始まると、現在の制度では、本人が亡くなるまでやめることができません。もし専門職が後見人や監督人になった場合は、報酬（月額2万円～）が発生します（Q44）。慎重な判断が必要です。

年間24万円～を払い続けるのは相応のメリットがないとですね。
成年後見以外の制度もあると聞いています。

まずはそれぞれの制度を知ることですね（左ページ参照）。裁判所の成年後見のページにはわかりやすいパンフレットや動画もあります。
きょうだい会でも話を聞いてみてください。

44

親がきょうだいに成年後見人になってほしいと希望
専門家に頼むほうがいい？

親が高齢になり、障害のある妹の成年後見人を検討しています。親は、専門職などの第三者が入ることに抵抗があり、きょうだいの私になってほしいと希望しています。どちらがよいでしょうか。

後見人を最終的に決定するのは裁判所ですが、**親族、専門職それぞれに特徴があります。本人保護のための制度**ですから**障害のある兄弟姉妹のことをよく理解して信頼できる人（法人）が大切です。**きょうだいに後見人になる義務はありません。

親族と専門家の比較ポイント（共同も可能）

１ 親族（親、きょうだいなど）
・障害のある兄弟姉妹の性格や特性、生活、意向などを理解
・収支の記録、裁判所への報告などが負担になる場合も
・財産が多額の場合や反対者がいると親族が単独ではなれない場合も
・親族が後見人にならなければいけないという義務はない

２ 専門職（弁護士、司法書士、社会福祉士など）
・自己の分野の専門知識がある、親族の負担が減る
・報酬は、裁判所が決めた額を、本人の財産から支払う（月額２万円〜）。なお親族も報酬は請求可能
・本人・家族の意向とミスマッチや対立が起きるおそれ
※市町村の後見申立て費用・報酬助成あり（生活保護などの場合）。

POINT

☐ 親族・専門職それぞれに特徴がある　十分検討したうえで選択を

☐ 成年後見人は本人を理解して信頼　できる人であることが大切

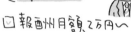

［親族・きょうだい］
- ☑ 障害のある妹のことを理解
- ☑ 財産が多額だと✕の場合も（専門職と共同は○）
- ☑ きょうだいがやる義務は✕

［専門職］
- ☑ 報酬州月額2万円〜
- ☑ 障害のある妹に理解があり、信頼できる人に頼む必要あり

最終的に後見人を決めるのは裁判所

裁判所で後見の申立てをする際には、候補者（親族や依頼したい専門職や法人）**を決めて申立書に記載するのが望ましいです。**

そうしないと、どんなことが起こりますか？

「後見人と本人や家族の意向が合わない（お金の使い方、生活、福祉サービスの方針など）」といった声をよく聞きます。**裁判所で一度決まった後見人の解任・交代は難しいので慎重に検討してください。**

また、親族が後見人になると希望している場合でも、財産が多額な場合や反対する人がいる場合は、専門職が親族と共同して後見人や監督人となったり、後見制度支援信託・預金の利用が必要になる場合があります。

よく検討したうえで、選択することが大事ですね。

45

元気だった父が余命宣告された。障害のある弟には伝える？

父と何を話し合えばいい？

父ががんになり余命宣告されました。親も私もショックを受けています。親がずっと元気だったこともあり、障害のある弟の親亡きあとのことは何も話し合ってきていません。

まずは、あなた自身に悔いが残らないように、お父さんとの親子の会話や、家族の時間を大切にしていただけたらと思います。そのなかで、弟さんの親亡きあとを考えていきましょう。

余命宣告後の準備

1 親の最期に向けて

・親の治療、看取り、葬儀、お墓などについての意向
・家族の思いを伝え合う、やっておきたいこと

2 障害のある兄弟姉妹

・親の病気と余命のことを伝える（状況と理解度に応じて）
・今後の生活を話し合う、役所、支援者に相談

3 相続の準備・遺言

・財産と借り入れなどの確認
・遺言は自筆証書遺言や公正証書遺言などで（詳しくはQ42）

□ 障害のある弟にも知る権利がある
状況や理解に応じて伝える

□ 残された時間のなかで、
遺言や弟の今後の準備も進める

障害のある弟は「死」はわかりますが、親は混乱してかわいそうだから伝えるなと言います。伝えるかどうか悩みます。

お父さんの意向は尊重したいですが、弟さんも家族の一員で、立場はあなたと同じです。知る権利があります。

弟とは同じ兄弟として共有したいです。弟なりに理解します。
余命宣告は悲しいですが、父の意向を確認して準備ができるのは感謝したいです。父から「遺言を作成したい」「弟の支援者にも会いたい」と言われました。

大切なことですね。遺言は費用がかかりますが、公正証書が確実です（Q42）。私は、病院に公証人に出張してもらうかたちで遺言作成に立ち会った経験があります。亡くなる数日前でした。

46

弟の世話をしていた母が
突然亡くなってしまった

何をどうすればいい？

「母が外出中に倒れて亡くなった」と救急搬送された病院から連絡が
ありました。母はまだ50代、何も準備がなく頭が真っ白です。母と
2人で暮らしていた障害のある弟はどうすれば……？

まず弟さんのことは、**支援の担当者と役所の障害福祉課に相談しま**
しょう。緊急ショートステイ（短期入所）が必要な場合は対応してもら
える場合があります。確認が必要な重要書類や諸手続きは**2** **3**の通
りです。

親が突然亡くなった場合

1 緊急ショートステイの手続き
　①市区町村独自のサービス（事前登録は必要／不要）
　（参考）緊急介護人の派遣（自宅での支援）
　②障害福祉サービス（事前申請、受給者証が必要）

2 重要書類がどこにあるか確認（詳しくはP.127 **4**）
弟：障害者手帳、健康保険証、障害福祉サービス受給証、通帳など
親：遺言の有無、通帳、不動産権利証など

3 諸手続きなど
死亡届の提出、役所、病院、葬儀、埋葬の手続き、退職手続き、実
家の遺品整理、退居や売却、公共料金、税金、相続の手続きなど

POINT

☐ **弟は緊急ショートステイなどが可能な場合も**

☐ **重要書類がどこにあるのか確認する**

緊急ショートステイは、家族がいると使えませんでした。今は私と弟は実家に滞在して、区の制度の**緊急介護人**を頼んでいます。親族以外の親族を推薦できるので、母の知人の親の会の方に来てもらい、無事に葬儀を終えられて助かりました。私は他県に戻るので、弟のグループホームを探しています。

本当にお疲れ様です。グループホームが見つかるまでの間は、**本来は短期間であるショートステイを繰り返すロングショートステイ**になるかもしれませんね。弟さんも住み慣れた実家を離れるのは心配だと思いますが、落ち着ける生活拠点が早く見つかるといいですね。

はい。弟はもともとマイペースな性格ですが、母の突然の死を自分なりに受け止めているように見えます。諸手続きも大変で、まだ先は見えませんが、「なんとかなる」と信じるしかないです！

47

虐待を受けた高齢者や障害者のニュースを見ました
施設での虐待が心配です

今、妹が施設入所を検討中ですが、虐待のニュースを見ると心配です。妹は自分では助けを求めることや逃げることができないので……。

多くの施設職員の方々は、日々、障害のある人のことを考えて勤務されていますが、虐待を防ぐには、面会などの際に、少しでも**「ちょっと心配？おかしい？」と感じたら、すぐに相談することが大事**です。障害者虐待防止法には防止措置や通報義務が定められています。

施設やサービス事業所での虐待

１ 障害者虐待と防止のための措置

身体的、性的、心理的、経済的虐待、放棄・放任（ネグレクト）

正当な理由なく身体を拘束することは身体的虐待

- ・行動指針、相談・通報先の掲示、研修
- ・障害者虐待防止委員会の設置
- ・障害者・家族からの苦情解決の体制整備

２ 虐待の「疑い」を発見した場合の速やかな通報義務

市区町村の事実確認、障害者の保護

３ 家族の相談先・通報窓口

- ・施設や運営している法人の苦情相談窓口、家族会など
- ・市町村の障害者虐待防止センター（通報・相談）
- ・都道府県社会福祉協議会の運営適正化委員会の苦情解決制度

施設に入る前の見学の際に利用者や職員の様子を確認すること、入ったあとは面会や連絡、職員の方とのコミュニケーションで**家族が見守っていることを示す**ことが大事ですね。

はい。虐待は密室で起こりやすいので……。障害者虐待の「疑い」は速やかに通報する義務があります。施設は、注意などで終わらせずに、必ず通報して、市町村などの事実確認を受けることになります。

家族としては、お世話になっているので言いにくいですが、**大変なことになる前に相談・通報することが大事**ですよね。

はい。最終的には施設や職員のためにもなります。市区町村への通報の際、通報者の秘密は守られます。また、職員は虐待通報により解雇などの不利益を受けないと法律に定められています。

第3章 きょうだいの50の疑問・不安に答えます

139

施設に入るときは家族が身元保証人にならないといけない!? ほかの方法はありますか……?

施設から「家族が身元保証人にならないと入れない」と言われましたが、身元保証人とは? ほかの方法はありますか? 緊急連絡先との違いは?

身元保証人は、施設の利用料の支払いや損害賠償の保証のほか、病気やトラブル時の対応、退居や亡くなった際の対応について法律上の責任を負います。

これに対して、緊急連絡先は、連絡を受けますが、施設の利用料の支払いや対応を行う責任はありません。

---

1 身元保証人：法律上の責任あり
- 利用料の支払い、損害賠償の保証（上限額の定めあり）
  期間は3年。期間が定められていない場合も最長5年
- （本人が困難な場合）手続き、意思決定、同意
- 病気、トラブルへの対応
- 退居することになった場合の身元引き受け
- 亡くなったときの遺体や持ち物の引き取り、居室の片づけ

2 緊急連絡先
- 入院や緊急手術、トラブル、亡くなった場合などの連絡先

□ 成年後見人や身元保証会社で対応も

□ 身元保証会社を利用する際は慎重に
　契約やお金を払う前に相談を

施設では、**成年後見人や身元保証会社の利用で対応している場合も**あります。**家族がいない場合も多いので、国は、身元保証人がいな**いことを理由に入所を拒まないように指導しています。

身元保証会社のサービスには、連絡や買い物などの生活支援、財産管理や自宅の売却、亡くなったあとの葬儀、手続き、遺品整理などの死後事務もあるそうですが、**トラブルも多い**と聞いて心配です。

利用する際は、**サービスの内容や料金体系を確認して、慎重に検討**してください。市区町村や社会福祉協議会で同じようなサービスを無料または低額で支援している場合もあります。
「不要なもの、支払いが難しいものは、はっきり断る」「内容がわからないのに契約しない」「契約やお金を払う前に消費生活センターなどに相談」です。

49

高齢や病気になると障害者施設を出なくてはならない？

「きょうだい亡きあと」も考える？

障害のある弟が入れる施設を探していますが、中年になって体が弱ってきた弟に対応してくれるのか心配です。高齢や病気になると、障害者施設を出されてしまうと聞いたことがあるのですが……。

高齢の障害者が、**医療**が必要になって障害者の施設では対応できない場合や、**長期の入院**で部屋を空ける場合などは、**退居**になる事例があります。『生存権』にかかわる大きな課題です。

高齢になった際の課題

１ 高齢の障害者の退居

・医療が必要になった、介護が重度化したなど、施設で対応できない場合

・長期の入院（３か月が目安）となった場合

２ きょうだいの高齢化、亡きあと

・自分も関われなくなり、行政による支援へ移行（Q23）

・おい、めい（きょうだいの子ども）世代が関わる場合も

POINT

- ■医療と連携して看取りまで行う
  障害者施設も増えている
- ■「きょうだい亡きあと」は
  行政に委ねる場合も

😨 退居のことは、入居前から考えてもしかたないですよね。でも、せっかく施設が見つかっても「終の住処」とならず、安心できません。

😟 医療や福祉の発達により**高齢の障害者**は増えています。しかし、**高齢者の施設では看取りまで対応可能だが障害には対応しにくい、障害者の施設では介護の経験がない**、と受け入れが難しいことが課題です。

😨 弟は私よりも長く生きるかもしれません。「きょうだい亡きあと」は、私の代わりに行政に弟の支援を委ねることになります。障害とともに一生懸命生きてきた弟が、最期に「生まれてきて本当によかった」と思える社会を求めたいです。

😊 **医療と連携して、看取りまで行う障害者の施設**もあり、取り組みは、少しずつ広がっています。

143

50

「弁護士に相談を」と よく言われるけれど

弁護士に相談するメリットは？

この本を読んだり、インターネットで調べたりしていますが、弁護士に相談や依頼をするメリットは？　どんなことをしてもらえるのですか？

具体的な事案に合った法的なアドバイスが得られることです。**弁護士が連絡や交渉をすると相手や役所の対応がスムーズになる場合も**あります。また、**弁護士が相手との窓口になるので、相手と直接関わらなくてよくなります。必要な書類の作成や手続き**も行います。

弁護士への相談

１弁護士会に問い合わせ（各都道府県にあり）
家族、障害者・子どもなどの専門相談窓口や紹介がある場合も

２法テラス（日本司法支援センター：国が設立、各都道府県に数か所）
相談機関・団体等の情報提供（電話、メール、面談）も
収入により、無料相談や弁護士費用の立替あり

３役所などでの無料法律相談
相談日が決まっていて、20〜30分と短いことが多い

４知人の紹介など
※相談は30分5000円が基本（無料の場合も）
※正式に依頼する場合は着手金、解決した場合は報酬金がかかる
　（少額の案件だと弁護士費用の方が高くなってしまう場合も）
※専門性や相性、地域などで選ぶ、複数に相談するのも○

□ **法律面から具体的アドバイス**
相手の対応がスムーズになる場合も

□ **弁護士に相談したい場合は弁護士会、**
法テラス、役所の法律相談に

相談したい内容は簡単にメモにまとめると時間を有効に使えます。相手から届いた書類やメールのやり取りなども忘れずに。一人でも誰かに一緒に来てもらってもかまいません。

相手と大きくもめたり、裁判になる前に、早めに相談だけでもしたほうが安心ですね。

はい。弁護士もスーパーマンではありません。**詐欺にお金を振り込んでしまった場合などにお金を取り戻すのは、現実的にほぼ不可能**なので、少しでもおかしい？　と思ったらお金を払う前に相談してください。

ただし、お金を取り戻せるかも……！　と言って、着手金などを要求される場合もあるようなので注意してください。**弁護士の対応に疑問がある場合は、弁護士会に問い合わせて**ください。

●白鳥めぐみ、諏方智広、
　本間尚史　著

きょうだい
障害のある家族との道のり
中央法規出版、2009年

●青木聖久　編著

**精神・発達障害が
ある人の経済的支援
ガイドブック**
障害年金と生活保護、遺言、
税などのしくみと手続き
中央法規出版、2022年

■きょうだいに関する団体やサイト
著者が関わるもの

Sibkoto シブコト

きょうだいの集まりや講演会の予定、
きょうだいの経験談や専門家による特集
記事などを発信。投稿やコメントで交流
も。

https://sibkoto.org/

全国障害者とともに歩む
兄弟姉妹の会（全国きょうだいの会）

1963年に創立した60年以上の歴史を
もつ団体。障がいのある人のきょうだい
に関するアンケート調査報告書（2021
年度版）を公開。

https://kyoudaikai.com/

日本きょうだい福祉協会

きょうだい、支援者、専門職、研究者ら
が運営。障害や病気、死別、さまざまな
事情のきょうだい、国内・海外の支援や
調査研究の紹介。

https://siblingjapan.com/

日本ケアラー連盟

ケアラー（家族介護者）支援、政策提言
に取り組む。ヤングケアラープロジェク
トのサイトも。

https://carersjapan.com/

その他の団体やサイト

きょうだい支援を広める会

米国の組織の資料の翻訳やシニアきょうだい支援への取組、実践報告会の開催など。

https://www.siblingjp.org/

ケアラーアクションネットワーク協会

きょうだい＆ケアラーの集いを開催、短編映画『陽菜のせかい』を公開

https://canjpn.jimdofree.com/

うぇるしぶ

子どものきょうだい向け。自分らしく生きる「ヒント」を見つける情報サイト。

https://welsib.com/

しぶたね

きょうだいさんのための本『たいせつなあなたへ』、4月10日「きょうだいの日」の説明も掲載。

https://sibtane.com/

■国のヤングケアラー支援、相談先紹介のサイト

こども家庭庁 ヤングケアラー特設サイト

ヤングケアラーの説明、相談窓口（18歳未満）、家族会・交流会（18歳以上や経験者も含む）、就労相談などを紹介。

https://kodomoshien.cfa.go.jp/young-carer/

厚生労働省 まもろうよ こころ

電話・SNS相談を紹介。どこに相談していいかわからない時は、悩み別、方法別、地域別に検索。法律やお金の相談窓口も紹介。

https://www.mhlw.go.jp/mamorouyokokoro/soudan/

著者紹介

藤木和子（ふじき かずこ）

弁護士・障害のある弟と育った「きょうだい」

1982年生まれ。東京大学卒業。5歳の時に3歳下の弟の聴覚障害がわかり「きょうだい」となる。幼少期から「弟と私は将来どうなるのだろう？」「私は実家や地元を出てよいのか？」「家業を継いだり、障害者支援に関係のある仕事に就くほうがよいのだろうか？」「結婚はできるのか？」「親がいなくなったら？」などと悩む。2010年頃から「きょうだい会」に参加。先輩の体験談からヒントを得るとともに、きょうだい特有の悩みの幅広さと難しさを痛感したことから、きょうだいの立場の弁護士として発信や相談などの活動を始める。

2024年現在、全国障害者とともに歩む兄弟姉妹の会、Sibkoto（障害者のきょうだいのためのサイト）、聞こえないきょうだいをもつSODAソーダの会などの運営に関わる。ヤングケアラー経験者としても、全国各地の自治体や学校、団体で講演などの活動をしている。弁護士としては家族関係が専門。優生保護法弁護団等に関わる。

協力者

「きょうだい」として原稿に感想や適切なアドバイスをくださった方々（五十音順）

今村綾汰さん

菅井亜希子さん

田部井恒雄さん（全国障害者とともに歩む兄弟姉妹の会前会長）

萩原碩さん

山南達也さん

雪代すみれさん（ライター）

「きょうだい」の皆様

親の会や支援者の立場の皆様

きょうだいの進路・
結婚・親亡きあと
50の疑問・不安に弁護士で
きょうだいの私が答えます

2024年3月20日 初 版 発 行
2024年7月1日 初版第2刷発行

著　者　藤木和子

発行者　荘村明彦

発行所　中央法規出版株式会社

〒110-0016
東京都台東区台東3-29-1 中央法規ビル
TEL 03-6387-3196
https://www.chuohoki.co.jp/

印刷・製本　　長野印刷株式会社
ブックデザイン　mg-okada
イラスト　　　　WOODY

定価はカバーに表示してあります。
ISBN978-4-8243-0012-6
本書のコピー、スキャン、デジタル化等の無断複製は、著作
権法上での例外を除き禁じられています。また、本書を代行
業者等の第三者に依頼してコピー、スキャン、デジタル化する
ことは、たとえ個人や家庭内での利用であっても著作権法違
反です。
落丁本・乱丁本はお取り替えいたします。
本書の内容に関するご質問については、下記URLから「お問い
合わせフォーム」にご入力いただきますようお願いいたします。
https://www.chuohoki.co.jp/contact/

A012